竹内正浩
Takeuchi Masahiro

カラー版

妙な線路 大研究 首都圏篇

JIPPI Compact

実業之日本社

はじめに

『妙な線路大研究　東京篇』が、版を重ねている。当然あるいは必然と思い込んでいた身近な鉄道の経路が、その実《じつ》さまざまな試行や利害の衝突の結果、敷設されていたことを明らかにした内容である。そのなかには、「上野〜王子の線路際が断崖絶壁なのは海食崖によるものである」とか、「井の頭線の渋谷を出た直後のトンネルは渋谷の谷地形によるものである」といった、広く信じられている「定説」を否定した箇所も少なくなかった。近現代史や地球物理学にいたるあらゆる要素や背景を検討した新鮮な視点が、鉄道愛好家のみならず、幅広い人たちに興味を抱いてもらえた核心ではなかったかと、ひそかに自負している。

実は前著はほんの序の口。まだまだ「妙な線路」は、たくさんあるのだ。しかも指摘されるまで「妙な線路」と気づかない箇所が少なくない。そこが面白いところだ。

以下の点は前著と重なるが、基礎知識として、繰り返しておきたい。

鉄道が走りはじめた明治時代、トンネルや橋梁をできるだけ避けた線形が選択された。土木技術が未発達なうえ、橋梁などを構築する鋼材が高価な輸入品であったためである。しかも当時は上り坂が苦手な小さな蒸気機関車が列車を牽引していたから、急勾配も絶対に避けなければならない要素だった。地形に寄り添った線形となるのは必然だった。時代が下り、勾配に強い電車運転が始まり、土木技術の進歩や鋼材の国産化などにより、地形をそれほど気にしない線形へと変化していく。

地形による制約が一方にあり、時代による制約がもう一方にある。戦前であれば、軍部の要請による経路選択が行われた区間はめずらしくない。さらに、沿線からの要望、土地買収をめぐるいざこざなど、鉄道の経路選択は、複雑なパズルを解く行為にも似ている。鉄道建設は巨大事業だから、各方面にさまざまな影響をおよぼす。みな必死である。

地形の凹凸を無視して掘り上げたように見える長大トンネルや、流路に対して鋭角に架橋した長大橋梁を多用している新幹線とて、さまざまな制約から逃れられない。好き勝手に敷設されているわけではないのだ。いつかこれも明らかにしたい。

以下は前著同様のお願いとなる。東京駅が落成した大正3年（1914）ごろまで、鉄道駅のことを「停車場」と呼ぶのが一般的だったが、本書の図においてはスペースの都合上すべて「駅」で統一した。また、新書という性格上、わかりやすさを優先したため、線名や駅名などに関して、現在の名称で叙述した部分があることをおことわりする。

紙幅の都合上、本書で掲載できなかった場所もまだまだある。続刊を出しつづけるためにも、幅広い反響を期待してやまない。

CONTENTS

第一章 クネクネの線路には歴史がある

第二章 ゴチャゴチャの線路には理由がある

第三章 まっすぐすぎる線路にはウラがある⁉

第四章 ドン詰まりの線路には事情がある

●本書掲載の地図について（順不同）

・「『今昔マップ』に加筆」とあるものは、時系列地形図閲覧サイト「今昔マップ on the web」（©谷 謙二）の地図に加筆したものです。立体表現の加工は後述のカシミール３Dを使用しています。　http://ktgis.net/kjmapw/

・「『東京時層地図』に加筆」「『横濱時層地図』に加筆」とあるものは、「東京時層地図 for iPad」「横濱時層地図」（©一般財団法人日本地図センター）の地図に加筆したものです。　https://www.jmc.or.jp/app/ipad/tokyo/index.html

・「©2021 Google」とあるものは、GoogleMaps で表示した画像に加筆したものです。　https://www.google.com/maps/

・出典を記載していないものは、ＤＡＮ杉本氏制作のカシミール３Dで「スーパー地形セット」と国土地理院の「地理院地図」を使用して製作したものです。　http://www.kashmir3d.com/

以上の地図制作に関するアプリケーション開発・データ整備等にご尽力された各位に心より感謝申し上げます。

——主な参考文献——

鉄道省／編『日本鉄道史』上篇・中篇　鉄道省　1921
日本国有鉄道総裁室修史課／編『日本国有鉄道百年史』各巻　日本国有鉄道　1969
宮脇俊三・原田勝正／編『日本鉄道名所　勾配・曲線の旅3』小学館　1987
宮脇俊三・原田勝正／編『日本鉄道名所　勾配・曲線の旅4』小学館　1986
今尾恵介／監修『日本鉄道旅行地図帳3　関東1』新潮社　2008
今尾恵介／監修『日本鉄道旅行地図帳4　関東2』新潮社　2008
京成電鉄社史編纂委員会／編『京成電鉄五十五年史』京成電鉄　1967
白土貞夫『ちばの鉄道一世紀』崙書房出版　1996
千葉県企画部交通計画課／編『千葉県の鉄道史』千葉県企画部交通計画課　1980
千葉市史編纂委員会／編『絵でみる図でよむ千葉市図誌　上巻』千葉市　1993
老川慶喜『明治期地方鉄道史研究』日本経済評論社　1983
石井里枝『戦前期日本の地方企業』日本経済評論社　2013
佐藤信之「東武鉄道100年の歩み（前編）」（『運輸と経済』58巻1号所収）1998
東武鉄道社史編纂室『東武鉄道百年史』東武鉄道　1998
中川浩一『茨城県鉄道発達史』筑波書林　1981
『写真で見る西武鉄道100年』ネコ・パブリッシング　2013
大井工場90年史編さん委員会／編『大井工場90年史』日本国有鉄道大井工場　1963
『鉄道ピクトリアル』472号　電気車研究会　1986
旧鶴見臨港鐵道株式会社　www.t-rinko.jp
横須賀市／編『新横須賀市史　別編　軍事』横須賀市　2012
京浜急行電鉄株式会社社史編集班／編『京浜急行八十年史』京浜急行電鉄　1980
内田清治「成田新幹線の計画」（『東工』107号所収）　1974
骨まで大洋ファン by 革洋同 kakuyodo.cocolog-nifty.com/blog/2021/06/post-cd1945.html
東京南鉄道管理局／編著『東京驛々史』東洋館印刷所出版部　1973
東京急行電鉄社史編纂事務局／編『東京急行電鉄50年史』東京急行電鉄社史編纂委員会　1973
東京幹線工事局／編『東海道新幹線工事誌　一般編』東京第二工事局　1965
関田克孝「こどもの国線の半世紀とその前史」（『レイル』102号所収）　2017
『こどもの国三十年史』こどもの国協会　1996

第一章

クネクネの線路には歴史がある

鉄道にとって、
カーブは少ないほうがいいし、
カーブの半径は大きい方がいい。
それでも急曲線や
S字カーブが入る理由は？

なぜ品川～大崎は急カーブなのか？

山手線は、環状運転している。案内図も円形もしくはそれに近いかたちで表現されることが多い。それゆえだろう、円環状の線形を想像しがちである。だが、実際には南北（地図でいえば縦方向）に細長いかたちをしている。さらに左の図をご覧いただきたい。山手線は最初から環状運転していたわけではない。少しずつ線路をつなぎ合わせ、最初の鉄道開業から半世紀以上経った大正14年（1925）にやっと環状運転が実現したのだ。

最初に開業したのは新橋～品川間で、明治5年（1872）の開通である。新橋～横浜間の官設鉄道の一部だった。次いで開業したのが、品川～池袋間。山手線西側はこのとき一気に開通したわけだが、この鉄道は開業当時、日本鉄道会社《にほんてつどう》の品川線といった。品川線は品川と赤羽を結んだ路線で、山手線の品川～池袋間はその一部ということになる。

日本鉄道は、日本初の私設鉄道である。鉄道事業の前途に価値を見いだした旧大名などの華族をはじめ、財閥に発展する資産家が出資して設立されたのである。官設鉄道が建設され始めたばかりなのに、なぜ私設鉄道が登場してくるのか。そう思われる向きもいるだろう。結論から言えば、新政府に予算がなかったことにつきる。

山手線の区間ごとの開通年と建設した鉄道会社を示した図。品川～池袋間は日本鉄道会社によって一気に建設された。

鉄道というのは、カネのかかる事業だった。鉄道開業前、絶大な信望を集めていた西郷隆盛や兵部大輔《ひょうぶたいふ》の前原一誠《まえばらいっせい》（のち萩の乱の首謀者として刑死）、さらには政府の一部であるはずの兵部省《ひょうぶしょう》までもがこぞって鉄道建設に反対した。巨額の費用を必要とする鉄道事業に予算を回すくらいなら軍備充実を先にすべきといったことが理由だった。

左ページに掲げた古写真には、芝の遠浅海岸の海中（といっても干潮時には一面の干潟となる土地）に土堤を建設している様子が写されている。表面の石垣はこの写真の撮影時点ではまだ貼られていない（鉄道開業後も石垣工事がつづいていた記録がある）。石垣の石材は、小田原や伊豆産のほか、未完成に終わった品川第七台場《だいば》の石材も使用された。

なぜわざわざ海中に線路を敷設しなければならなかったのか。そのあたりに当時の鉄道事業が置かれていた厳しい事情が透けてみえる。東海道沿道の宿場や運送関連業者から反発されたという事情もあったようだ。写真の左側の家並みは東海道沿いの家屋である。増《ぞう》上寺《じょうじ》門前の芝《しば》から高輪《たかなわ》にかけての軍用地の提供を兵部省が拒否したことも大きかった。

では増上寺の西側にあたる麻布方面を迂回する経路はどうか。高輪あるいは目黒川沿いの崖地に鉄道を敷設して、白金《しろかね》や麻布《あざぶ》の高台を通って都心に乗り入れる経路は敷設困難だった。当時の鉄道は、非力な蒸気機関車が牽引しており、勾配には非常に弱かった。半ば追いつめられた末の最終的かつ究極の選択が、海中への線路建設だった。

『The Far East』1872年10月16日号に発表された高輪の築堤（写真右端）を撮影した写真。海岸部分が削られていることから、海岸の土砂も築堤に用いられた可能性が高い。

高輪築堤として脚光を浴びた鉄道開業当時の鉄道の土堤の石垣（海側から撮影）。令和元年（2019）11月までは山手線と京浜東北線がこの位置を走っていた。

新橋乗り入れを優先した線形

建設予算に苦しんだ官設鉄道は、両京幹線《りょうきょうかんせん》（東京と京都を結ぶ鉄道幹線。当時は中山道《なかせんどう》沿いに敷設されることがほぼ内定していた）建設の資材陸揚線として建設した新橋〜横浜間を明治5年（1872）に開業しただけで、東日本の鉄道建設は中断していた。鉄道事業の主目的だった両京幹線の建設には着手できなかった。

全国の鉄道幹線建設を標榜して設立された日本鉄道は、政府にしてみれば、次善の策というか苦肉の策だった。政府要人が深く関わり、経路選定や建設は政府が請け負い、鉄道の規格も官鉄に準じていたから、現在の私鉄とは異なり、半官半民とでもいうべき組織だった。渡りに船とでもいうのか、資金に窮し、鉄道事業に展望の開けない政府は、新橋〜横浜間を払い下げしようとすらしていた（日本鉄道が期日までに資金を払い込まず頓挫）。

ここからが本題となる。官設鉄道への連絡を主目的とした品川線は、なぜわざわざ品川で折り返すような線形にしたのか。横浜方面に接続する線形にすれば、無理な急曲線にならなかったのにと、考えてしまう。

だが、日本鉄道が新橋乗り入れを優先したと考えれば、合点がいく。当時の列車の速度は時速30キロ程度といわれており、品川〜大崎《おおさき》（大崎に停車場が設置されるのはずっと後だが）

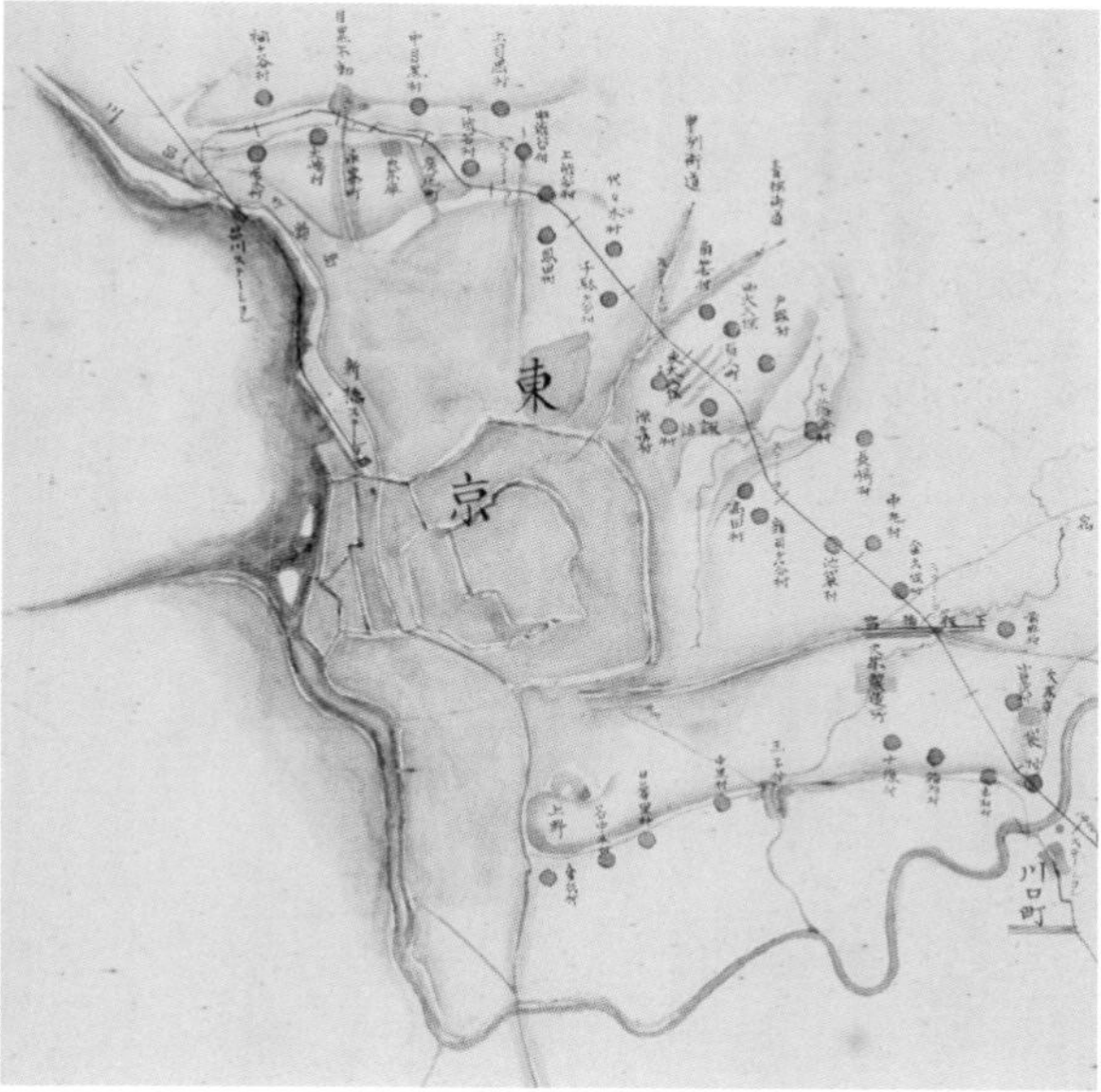

政府に提出された『東京高崎間鉄道畧圖』（1881、国立公文書館、部分。南北を逆に描写）。品川までの経路は記載されているが、赤羽〜上野の経路は描かれていない。

間の曲線に関して、問題視された形跡もない。

品川を出発した山手線の外回り（右回り）電車は、最小で半径３５０メートルの曲線を通過する。地図上では急曲線のように見えるが、都心に乗り入れる私鉄各線の曲線と較べれば、むしろ緩やかといいたくなる部類だ。たとえば、西武新宿線の高田馬場付近の曲線は半径１５８メートル。西武池袋線も、池袋発車直後に半径２００メートルの曲線がある。京王線は新宿発車直後に半径１１０メートルの曲線が存在する。それでも地上線時代は半径90メートルだったというから、多少改善されたといえるだろう。隣の小田急線も新宿駅発車直後に半径２２０メートルの曲線がある。

このほか東武伊勢崎線の浅草駅直前には半径106メートルの曲線があり、編成の長い優等列車には一部車両の扉とホームの間に板が渡されるほどである。東武東上線の北池袋〜下板橋間の曲線は半径305メートルあり、地上線時代の東急東横線には、渋谷〜代官山間に半径160メートルの曲線があった。

現在の私鉄と比べれば、山手線品川〜大崎間の曲線はずっと緩やかだった。しかも品川〜大崎間の駅間距離は2・0キロと現在の山手線では最長で、時速90キロの最高速度を出すことができる山手線唯一の区間である。

むろん、大崎から横浜方面に向いた経路の敷設が不可能だったわけではない。これは歴史が証明している。明治27年（1894）の日清戦争開戦直後に突貫工事で大崎方面から大井町方面への短絡線が開通しているのだ（87ページの地図に記載された①の線路）。

では、目黒川の谷を利用した現行の曲線ルート以外に、新橋につながる径路は存在しなかったのか。当時の技術で可能な経路を探して夢想してみた。すると1ヶ所だけ発見することができた。それが左ページに掲げた経路である。渋谷川〜古川《ふるかわ》の谷を通って、現在の田町《たまち》駅の北で官設鉄道線に乗り入れる経路である。ただしこの経路上には、三田《みた》付近に人家が密集しており、実現は難しかっただろう。15ページに掲載した経路図にもこの谷が表示されてはいるものの、鉄道経路からは除かれている。

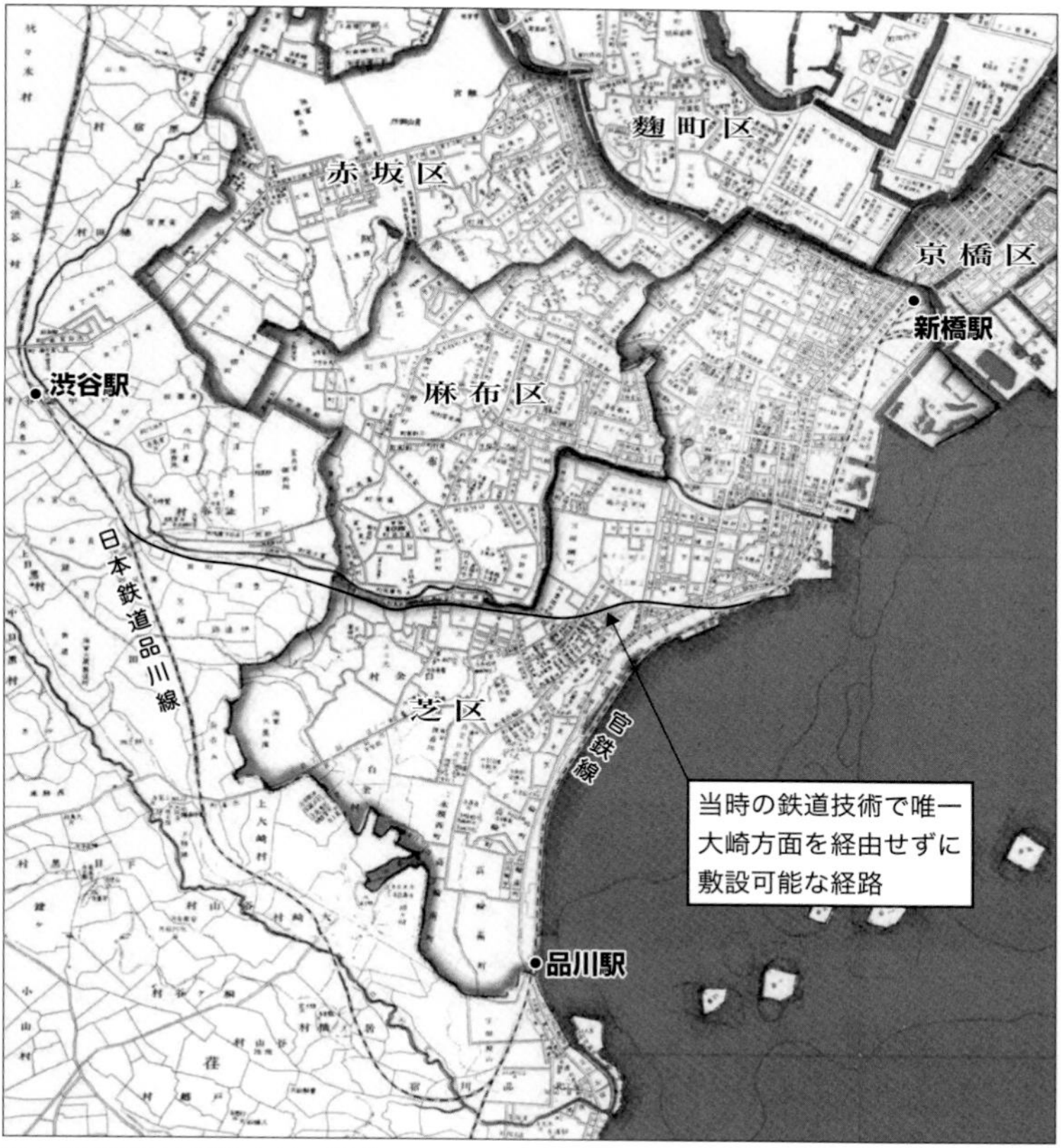

日本鉄道線と官鉄線を結ぶ経路として可能性があったとすれば、図示した経路だけだっただろう。人家が密集していたためか鉄道の経路には選ばれなかった。金澤良太『新撰東京全図』(1892)に加筆。

なぜ上野公園直下の京成線はジグザグに曲がるのか?

地下の線路は地上からは見えない。当然である。ところがその経路を地図に落としてみると意外な事実があぶり出される。鉄道の地下区間のほとんどが道路の直下を通っているのである。土地買収費用やその労力の節減、工期短縮といった事情を勘案すれば当然なのだが、デフォルメされた地下鉄の路線案内図からは、およそ道路の直下を走行する印象はない。

地下区間を運行している鉄道は、東京メトロや都営地下鉄だけではない。JRをはじめ、東急、西武、小田急、京王など、地下区間をもつ鉄道会社は枚挙にいとまがない。京成もそのひとつである。上野恩賜《おんし》公園の地下を京成本線が縦断しているのだ。

地下区間でしかも真上は公園である。地上に構造物のない公園くらい、自由に線路を敷設すればいいじゃないかと思う。だが左ページの写真を見てほしい。実際の京成線の線路は、地下にも拘わらず、まるで地上の遊歩道をなぞるように何度も曲がっているのだ。これはどのように解釈したらいいのだろう。

上野恩賜公園の地下を通る京成本線。公園の遊歩道に沿うように線路が敷設された理由とはいかなるものか。©2021 Google

私鉄の都心乗り入れ競争の果てに

東京が近代的な都市へと生まれ変わりつつあった明治末から大正時代、東京周辺の私鉄各社は都心への乗り入れを虎視眈々と狙っていた。ここでいう私鉄とは、官鉄を補完するごとく主要幹線を建設した日本鉄道などの鉄道創成期の鉄道会社とは異なる。創成期の鉄道会社の多くが国有化された後も存続した鉄道会社（具体的には東武鉄道）、あるいは明治43年（1910）制定の軽便《けいべん》鉄道法に基づいて設立された鉄道会社を指している。

市電を経営していた事情が大きかったと思われるが、当時の東京市（当時の市域は現在の都心中心部のみ）は東京市内への私鉄乗り入れにさまざまな横槍を入れた。東京の私鉄線が山手線の駅を起点に外側に延びているのはその名残といえるだろう。因みに現在の山手線のうち、当時から東京市内だったのは品川～上野～鶯谷《うぐいすだに》間にすぎない。

京成電鉄の前身である京成電気軌道もまた、都心（具体的には浅草）乗り入れが悲願だった。ところがライバルと目していた東武鉄道が関東大震災直後に都心乗り入れを出願し、その年の暮れに浅草までの線路延長が許可されてしまう。浅草乗り入れを目指していた京成の焦りは頂点に達していた。

京成は正攻法による浅草乗り入れを後回しにし、日暮里《にっぽり》～千住《せんじゅ》～筑波山《つくばさん》の敷設免許を保

駅舎とは思えない荘重な雰囲気を漂わせる旧博物館動物園駅。鉄道省の技師だった中川俊二が設計を担当した。

有していた筑波高速度電気鉄道（資金繰りに窮し、着工の目処が立たなかった）を昭和5年（1930）に買収。その年の12月、日暮里～上野間の工事を申請している。

買収当時、免許の基点は日暮里となっていたが、東京市公園課と交渉をまとめ、上野恩賜公園地下の通過が認められることになった。ところが、これには大きな代償が待ちうけていた。枷《かせ》をはめられたかのような厳しい条件が課せられたのである。

条件のひとつ目は、地表からの深さがわずか10尺（約3・3メートル）前後という浅い地点を指定されたこと。地下の水脈を傷つけないためだともいう。ふたつ目は、通過箇所がごく浅い地点にも拘わらず、地下工事で一般的だった開削《かいさく》工法（地上から掘り下げて、軌道敷設後埋め戻す工法）が禁じられ、交通遮断を行うことなく道路の下をトンネルで掘り進むことだった。しかも公園内の樹木、特に桜の根を損傷してはならないと、わざわざ付帯条件が付いていたのである。京成は細心の注意を払い、最浅部は約2・5メートルというきわめて浅い場所を、上野側と日暮里側から慎重に掘り進めなければならなかった。万が一にもトンネルがずれてしまわないように、20回も測量を繰り返した。

なぜ上野恩賜公園に関して、東京市は京成に厳しい条件を課したのか。それはひとえに、上野恩賜公園が帝室御料地《ていしつごりょうち》だったことと、その御料地を下賜されてまもない時期だったからことにつきるだろう。上野恩賜公園の「恩賜」の2文字は、皇室から下賜されたことを意味する。

上野恩賜公園の土地は、江戸時代は東叡山《とうえいざん》（寛永寺《かんえいじ》）の境域だった。薩長を主軸とする東征軍が江戸に入った慶応4年（1868）5月、徳川家に忠誠を誓う彰義隊《しょうぎたい》が東叡山に立てこもり、全山焼亡している。紆余曲折を経て、その後この地は内務省が所管する公園・博覧会用地となった。明治23年（1890）に宮内省《くないしょう》が所管する帝室御料地に組み入れられたが、大正13年（1924）1月、皇太子裕仁《ひろひと》親王（のちの昭和天皇）成婚を記念し、上野公園地は天皇・皇后より東京市に下賜されている。上野公園と同時に東京市に下賜された御料地としては、旧芝離宮御料地（現在の旧芝離宮恩賜庭園）と南葛飾《みなみかつしか》第一御料地（猿江《さるえ》

上野恩賜公園の大噴水付近に寛永寺の根本中堂があった。この噴水は昭和37年(1962)の完成。平成24年(2012)にリニューアルされた。

貯木場）の一部（猿江恩賜公園の新大橋通りの南側）があった。

そこで、冒頭に戻る。京成線の地下区間が曲がりくねっているのは、公園樹木を傷つけないよう、道路（遊歩道）下を選んでトンネルが建設されたからなのだ。上野公園が東京市管理となってまもない時分で、粗相があってはならぬと考えたのだろう。

京成の上野乗り入れ新線（現在の京成本線）のうち、青砥《あおと》〜日暮里間9・4キロは昭和6年（1931）12月に開業。日暮里〜上野公園（現在の京成上野）間2・1キロは、昭和7年（1932）9月に着工し、昭和8年（1933）12月に開業にこぎつけている。

ところで、この工事に際して、御前会議

が開かれたとの言説が半ば一般化している。たしかにこの工事に関連して、昭和8年（1933）3月8日、宮殿東溜《ひがしたまり》ノ間《ま》に天皇臨席の下《もと》に開催された枢密院《すうみついん》会議の議題になったのは事実だ。ただし、その議題とは「世伝《せでん》御料地ニ地上権設定ノ件」。平たくいえば、上野公園を下賜した大正13年（1924）以降も世伝御料地である帝室博物館の敷地の一画に、京成線の構築物（駅）の設置を認めるか否かという案件だった。

万が一この会議で異議が出たとすれば、上野乗り入れそのものが画餅に終わる。博物館動物園駅の建物が、神殿を思わせる厳めしい石造なのは、枢密院会議を通すために遺漏のないよう万全を期したためなのである。手つかずの御料地の工区を除いて、すでに地下工事のほとんどが完工に近づいていたから、なおのことだった。

「説明用書類」（会議資料）として、実測平面図などとともに「動物園前停車場設計図」「動物園前停車場上家設計図」「動物園前停車場地下設計図」が添付されている。会議構成員たる枢密顧問官のみならず、天皇も目にするこうした書類に万全を期すべく、工事予算を惜しまなかったのだろう。

もちろん京成は、世伝御料地を通らない経路を検討した。たとえば、動物園裏から迂回して現在の京成上野付近に出る経路や省線（現在のJR線）沿いに上野駅に出る経路などである。ところが、いずれの経路も当時の技術では建設不可能。世伝御料地を通過するほか

上野トンネルの坑門には、京成社長の本多貞次郎が揮毫した「東臺門」の扁額が掛かる。東台とは東の台嶺（天台山のこと。転じて比叡山）の意味。東叡山を指した。

なくなったのだという。

動物園前停車場は博物館動物園駅という名称で開業した。平成16年（2004）に駅が廃止（平成9年〔1997〕に営業休止）された今も、東京国立博物館西側の交差点に立てば、神殿を思わせる堅牢な造りの駅舎をそばで眺めることができる。

当日の枢密院会議では「朝鮮教育令中改正ノ件」「台湾教育令中改正ノ件」に次ぐ第三議題だった。いずれも異議はなく、全会一致で可決。天皇臨御の開会が午前10時15分、閉会が午前10時35分。わずか20分である。結果からいえば、形式的な手続にすぎなかったわけだが、京成にとってみれば、これで上野延長工事に関する完全なお墨付きを得たわけで、意義は非常に大きかった。

なぜ八高線の経路がねじ曲げられたのか？

もともとまっすぐだった路線がねじ曲げられる。よほどの事情でもないかぎり、こんなことは起こりえない。だが、東京には、「よほどの事情」で誕生した線形の鉄道が存在する。八王子と高崎を結んで東京の西郊を南北に走る八高《はちこう》線の東福生《ひがしふっさ》～箱根《はこね》ケ崎《がさき》間である。

八高線が昭和６年（１９３１）12月に開通した当時、東福生～箱根ケ崎間は、ほぼ一直線だった。当時、線路の両側には山林や農地が広がっていた。人家も点在していた。昭和14年（１９３９）に入ると、八高線の東福生駅の東側の土地約２００万平米を買収して、多摩陸軍飛行場（立川陸軍飛行場の附属飛行場）の造成が始まる。翌昭和15年（１９４０）４月には多摩陸軍飛行場が開設。この時点の規模は、面積約31万平米、滑走路は約１２６０メートルだった。戦時中、列車が飛行場隣接地を通過する際、日よけの鎧戸を下ろすよう指示されたという。

終戦直後の昭和20年（１９４５）９月６日に多摩陸軍飛行場は米軍が接収。接収当時の面積は約45万平米、滑走路の長さは約１３００メートルだった。翌年の昭和21年（１９４６）８月15日、厚木に進駐していた第３爆撃飛行大隊が横田に移駐。このときから正式に

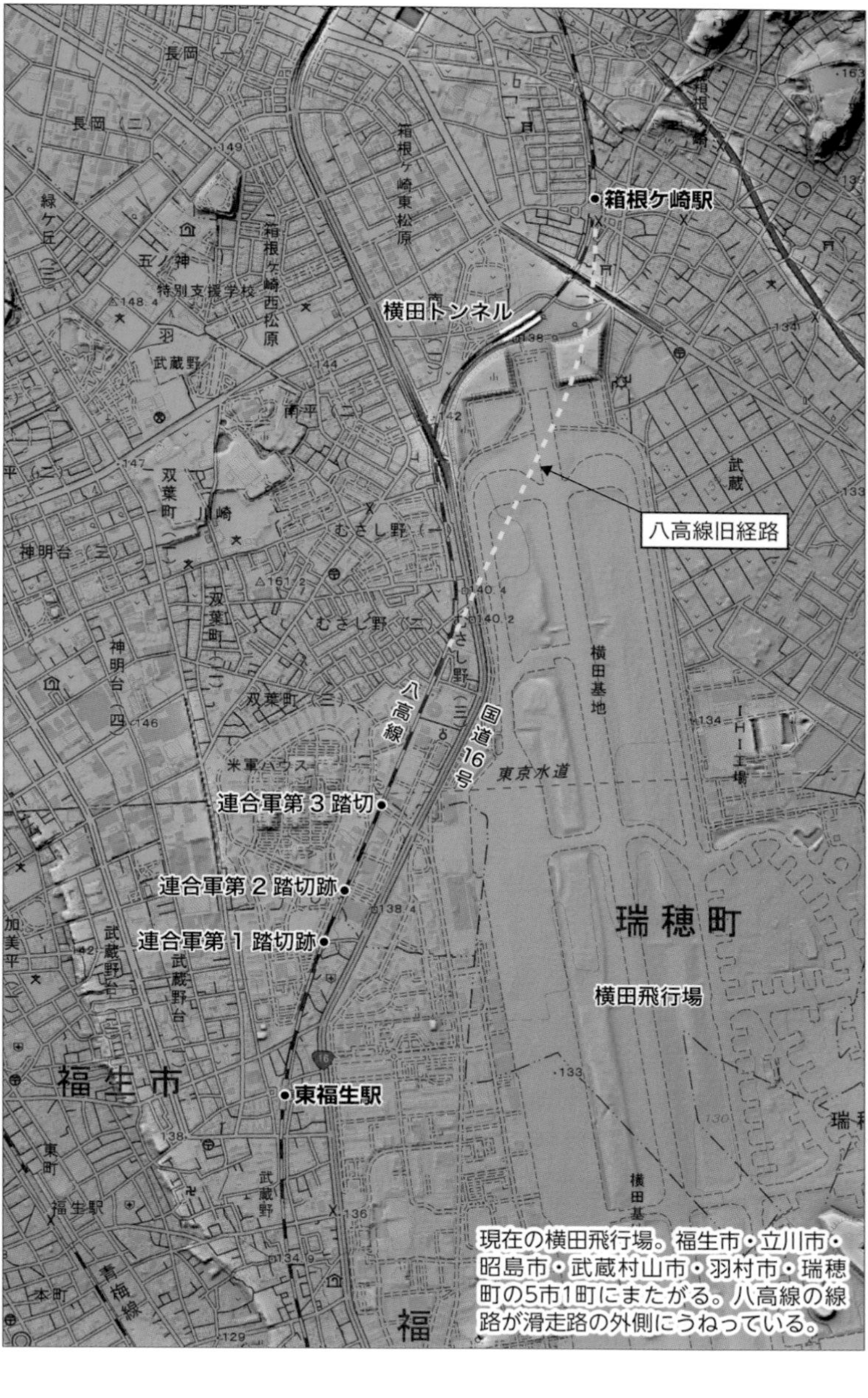

現在の横田飛行場。福生市・立川市・昭島市・武蔵村山市・羽村市・瑞穂町の5市1町にまたがる。八高線の線路が滑走路の外側にうねっている。

米軍極東地図局が作成した地図中の「YOKOTA」（現在の武蔵村山市内にあった字名）から生じた米側呼称の横田飛行場と称されるようになる。

横田飛行場は、朝鮮戦争などの極東有事を通じて重要性が増し、講和条約発効後も米軍が使用を継続。昭和30年（1955）には滑走路延長が決定され、北側に拡張用地と航空障害物制限区域等約50万平米を確保した。

横田飛行場拡大は、横田飛行場への基地集約、つまり埼玉県狭山《さやま》市と武蔵町《むさしまち》（現在の入《い》間《ま》市）にまたがっていたジョンソン基地（旧陸軍航空士官学校と豊岡《とよおか》陸軍飛行場の土地・施設を接収。現在は航空自衛隊入間基地などが立地）の滑走路施設返還にともなう措置でもあった。

米空軍の第41航空師団および第3爆撃連隊のB57爆撃機やF102迎撃戦闘機が横田飛行場に移駐した昭和35年（1960）11月までに、滑走路の長さが現在と同規模の3350メートル（両側のオーバーランを含めると3950メートル）、滑走路幅は60メートルに拡張されている。飛行場の規模は東西約2・9キロ、南北約4・5キロ、周囲14キロという東京近郊とは思えない巨大な規模となった。総面積は約714万平米以上となり、これは東京ディズニーランド約14個分に匹敵する。

八高線の線路が付け替えられたのは、滑走路が大拡張されたこの時期だった。線路の移設は、昭和33年（1958）3月に完了している。この区間の八高線は、滑走路に沿うか

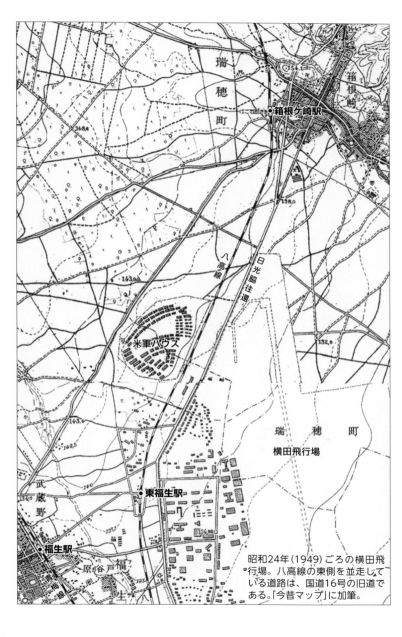

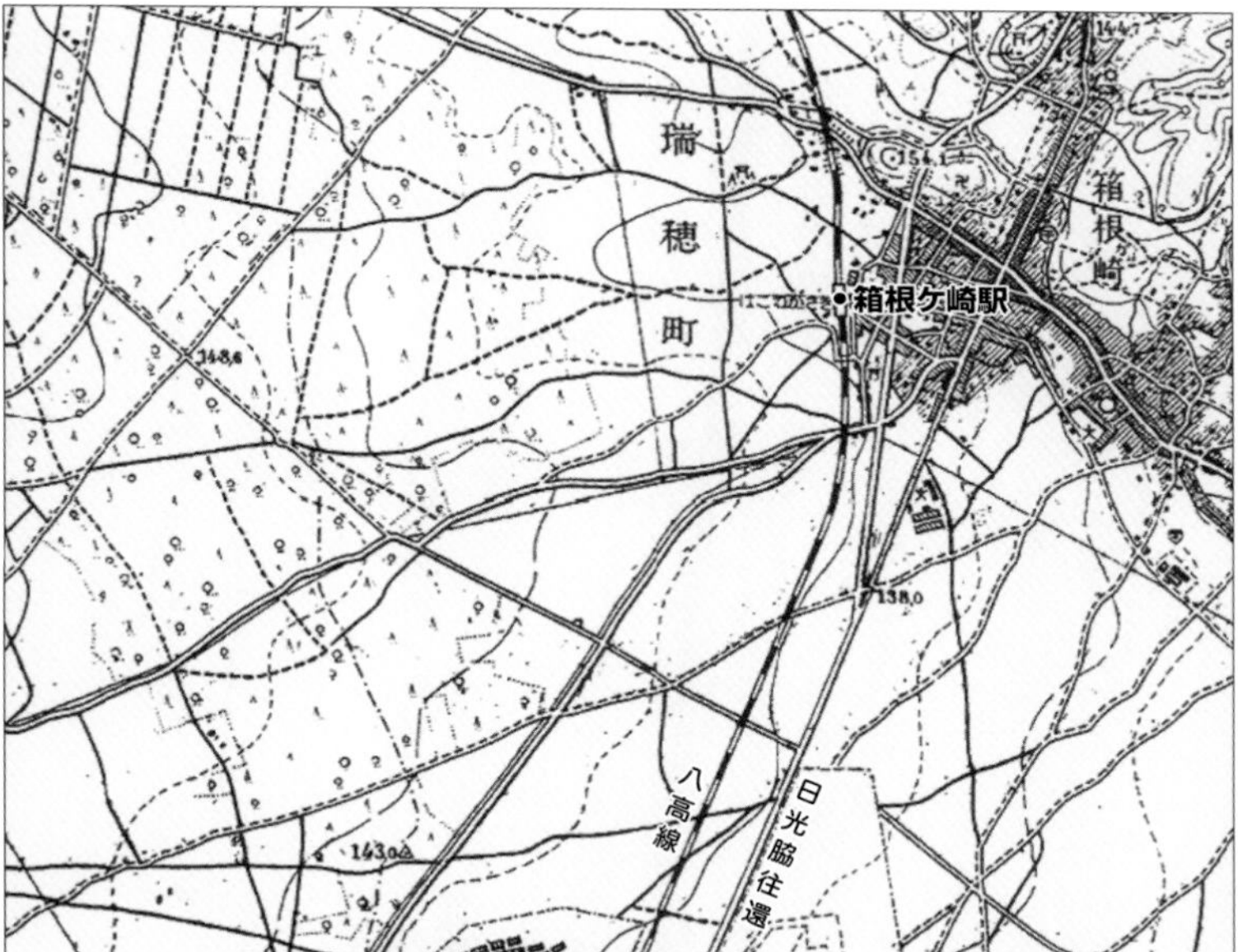

昭和24年（1949）ごろの横田飛行場。八高線の東側を並走している道路は、国道16号の旧道である。「今昔マップ」に加筆。

たちで大きくねじ曲げられた。八高線に並行する日光脇往還《にっこうわきおうかん》（現在の国道16号）も、滑走路の北側の拡張の際に迂回を余儀なくされた。主要道の五日市《いつかいち》街道も、東西方向に一直線に延びていた江戸時代からの道筋が飛行場用地になってしまった関係で、現在では滑走路の南側をぐるりと迂回している。

土被りが消えた横田トンネル

八高線に乗車してみよう。東福生駅を出発した八高線の列車は、ほどなく金網と鉄条網が車窓の両側に広がる区間を通過する。窓の外は日本の中の異国だ。基地の米軍関係者は、日本国の入国手続さえ必要ない。航空自衛隊や基地労働者といった一部の関係者を除いて、日本人の立ち入りは厳しく制限されている。

基地内には関係者専用の八高線の踏切がある。名称は占領下そのままの「連合軍第3踏切」。かつては連合軍第1踏切と連合軍第2踏切も存在したが、現役の踏切は連合軍第3踏切だけだ。

国道16号がアンダーパスで北に抜け、八高線は滑走路の北西端をなぞるように右に曲がる。しばらく走ると、突然コンクリートの壁が現れ、100メートルつづいている。この奇妙な壁が「横田トンネル」である。ここは平成9年（1997）の八高線電化まで、八

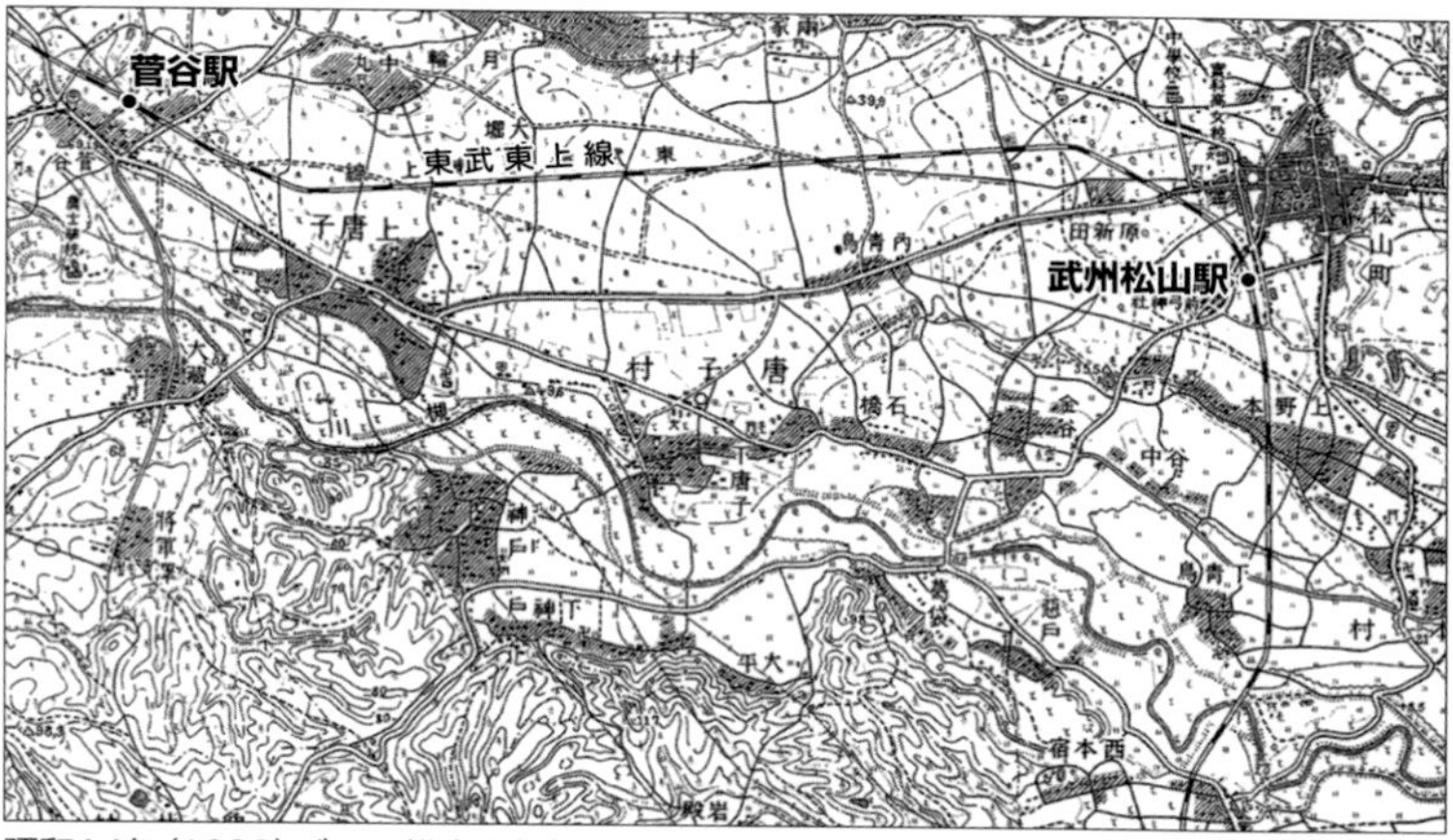

昭和14年(1939)ごろの松山飛行場予定地付近。東上線が東西方向に一直線に延びていた。駅名は昭和10年(1935)以前。「今昔マップ」に加筆。

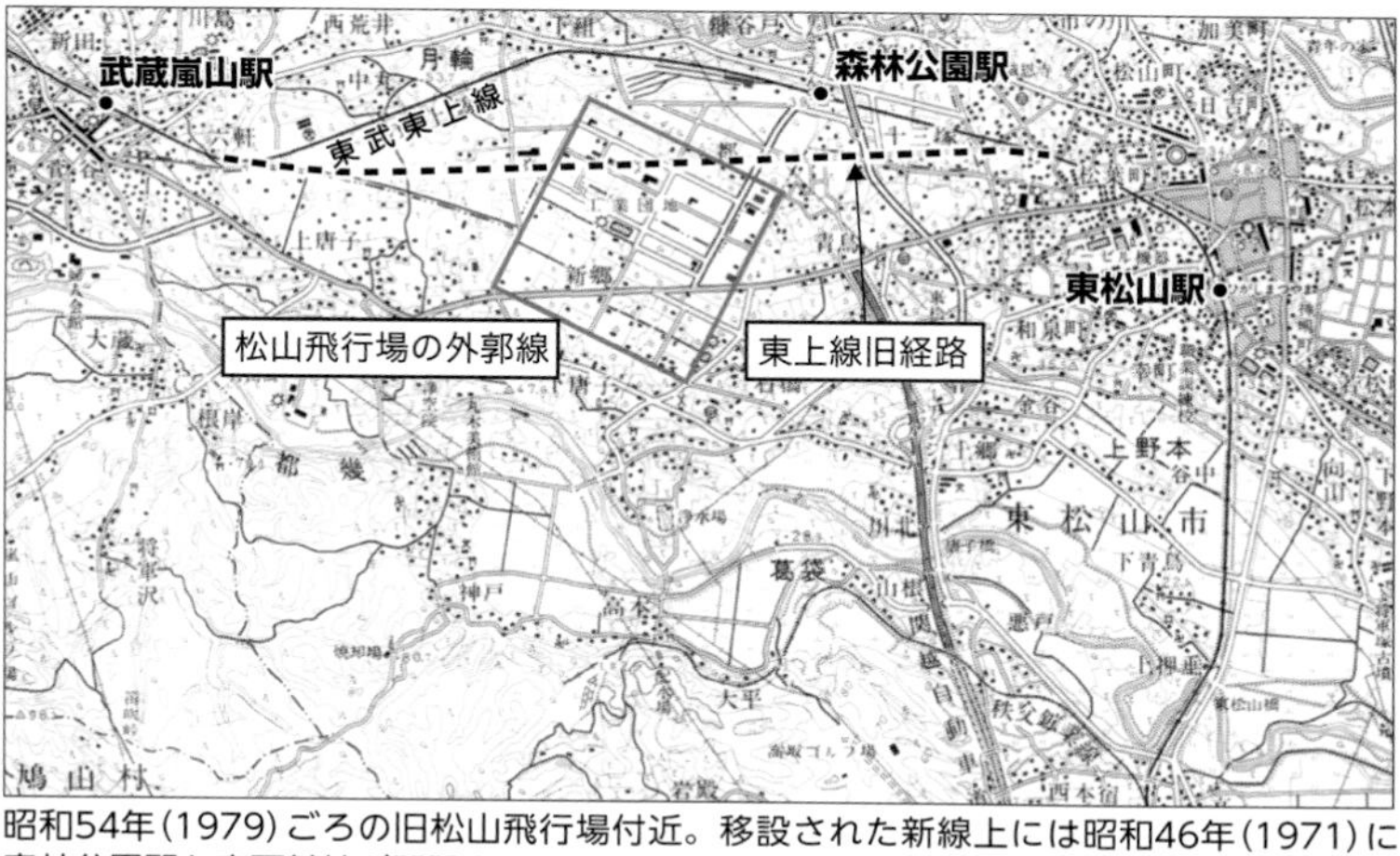

昭和54年(1979)ごろの旧松山飛行場付近。移設された新線上には昭和46年(1971)に森林公園駅と車両基地が開設された。飛行場跡の入植地は工業団地へと変貌しつつある。「今昔マップ」に加筆。

高線内唯一のトンネルだった。だが、八高線の電化工事にあたって、天井が低いために架線敷設に支障があったことから、天井部分が取り除かれたのである。

横田トンネルは、滑走路拡張時の線路付け替えの際、人工的に構築したものである。この位置は滑走路の延長線上に位置する。航空機からの部品落下をはじめとする事故に巻き込まれないためでもあり、航空機の夜間離発着の際、列車から漏れる光源を誘導灯と誤認しない目的があったともいわれる。

同様の例として、東名高速道路の大和《やまと》トンネル（神奈川県大和市）がある。急坂とトンネルが相まって恒常的に交通渋滞が発生する場所として有名な場所だ。大和トンネルもまた、米軍厚木飛行場滑走路の延長線上に位置するため、事故防止のためにトンネル構造が不可欠な場所である。

ところで首都圏にはもう1ヶ所、似た事情で線路がねじ曲げられた場所がある。それは東武東上線の東松山《ひがしまつやま》～武蔵嵐山《むさしらんざん》間だ。ここには、未完成に終わった松山陸軍飛行場が存在したのである。なぜ飛行場が造成されることになったのか。それは緒戦段階における連戦連勝の報に酔いしれていた昭和17年（１９４２）4月18日、東方海上に接近した空母ホーネットから発進したドーリットル中佐率いる16機のB25によって敢行された本土初空襲で、日本側はなすすべなく、90人近くの人命が失われ、日本各地に大きな被害を生じたことに

東上線の旧線と新線がはっきり確認できる終戦直後の旧松山飛行場付近。昭和22年（1947）10月24日に撮影された空中写真に加筆。

あった。本土の防空体制がまったく不十分であることを痛感した大本営《だいほんえい》は、直後から陸海軍に命じて日本全国に飛行場を造成した。終戦までに造成された飛行場は、未完成に終わったものを含め、陸軍飛行場約60、海軍飛行場約90を数えた。

昭和20年（1945）1月17日、武州《ぶしゅう》松山（現在の東松山）～武蔵嵐山間が、松山飛行場の北側を迂回する線形に付け替えられた。これにより両駅間は0・2キロ距離が延びた。これが現在の東上線の線路である。

戦後、更地となった飛行場跡は、満洲からの引き揚げ者の農地に変貌。高度成長期を迎えると、北半部は東松山工業団地（ただし大部分は滑川村《なめがわむら》〔現在の滑川町《まち》〕に属す土地）となった。

なぜ野田線が直線で新京成線が曲がりくねるのか？

明治時代の蒸気機関車は非力で、急勾配を上ることができなかった。そのため、地形にしたがって敷設されることがほとんどだった。地形の凹凸を難なく乗り越える経路設定は、建設技術が進歩し、なおかつ出力の大きな電車運転が前提となる大正以降の話である。

ところが、千葉の下総《しもふさ》台地に敷設された東武野田《のだ》線と新京成《しんけいせい》電鉄の場合はいささか事情が異なる。左の地図をご覧いただきたい。のたうちまわっているように曲がりくねった線路が新京成電鉄線である。地形の凹凸に丁寧に寄り添うように敷設された路線である。一方、切取（切り通し）区間を多用して一直線に線路が敷設されたのが東武野田線だ。

どう見ても東武野田線のほうが新しく建設された路線にしか見えない。ところが、である。新京成電鉄線のこの区間の開業が昭和30年（1955）なのに対し、東武野田線のこの区間の開通は大正12年（1923）。野田線のほうがずっと歴史が古いのだ。なぜこのような逆転現象が起きたのだろう。

東武野田線は、千葉県営鉄道野田線として明治44年（1911）5月に開業した柏《かしわ》〜野《の》田町《だまち》（現在の野田市）間が始まりである。

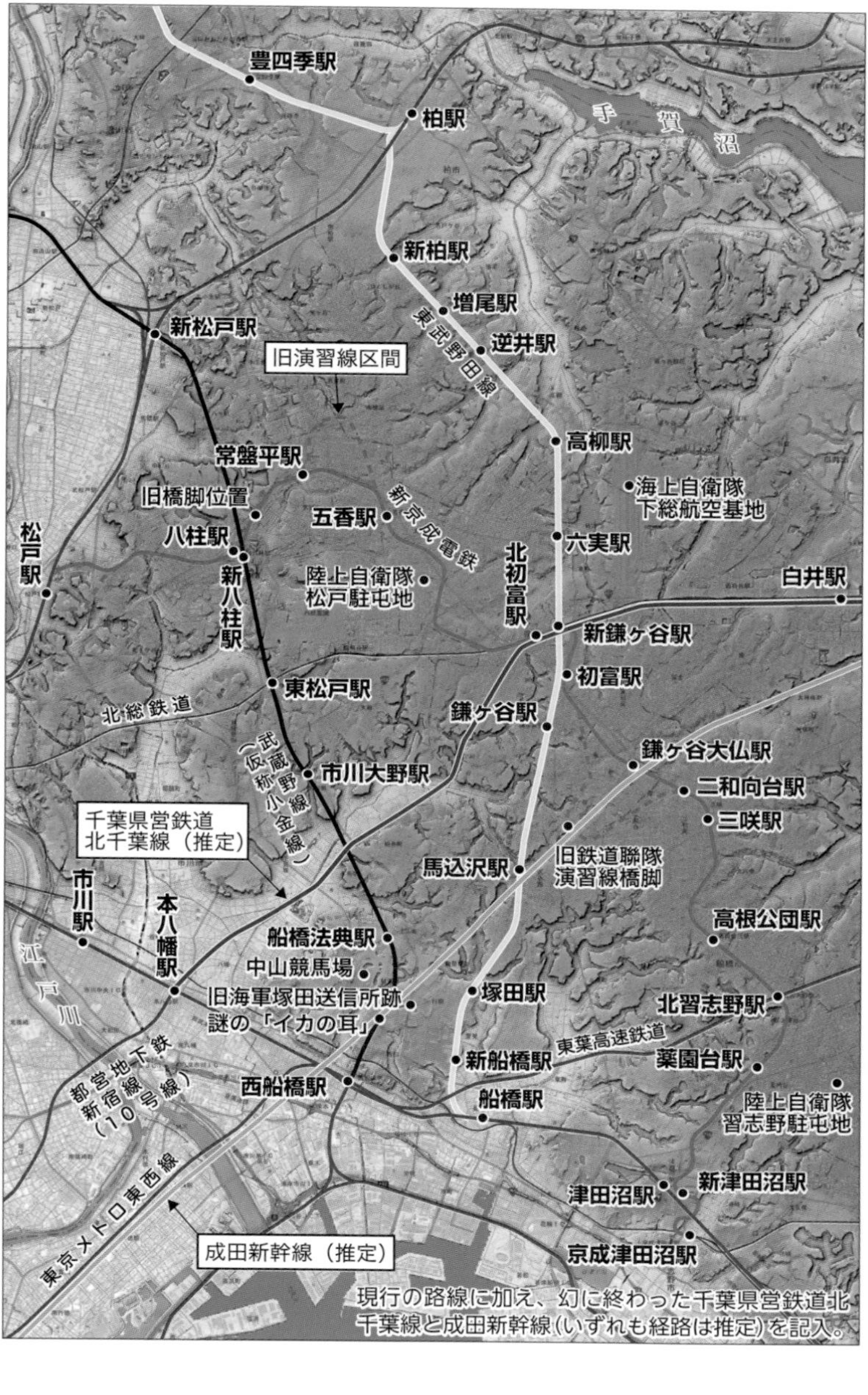

現行の路線に加え、幻に終わった千葉県営鉄道北千葉線と成田新幹線（いずれも経路は推定）を記入。

千葉県には明治末から県営鉄道が建設され、野田線のほか、久留里線《くるり》（現在のJR久留里線）、多古《たこ》線（のちの成田鉄道多古線。昭和21年〔1946〕10月廃止）、八街《やちまた》線（のちの成田鉄道八街線。昭和15年〔1940〕8月廃止）など県内各地に路線が建設された。これほど多くの路線が開業したのは、有吉忠一《ありよしちゅういち》千葉県知事の肝いりの事業だったからだ。有吉が千葉県知事に任命されたのは明治41年（1908）3月で、離任したのが明治43年（1910）6月。任期はわずか2年だったが、任期中に県営鉄道を実現し、離任後も引き継がれたのである。県営鉄道建設に際しては、費用節減のため、千葉と津田沼《つだぬま》にあった鉄道聯隊《れんたい》の協力を仰ぎ、「演習」という名目でその労働力を活用している。地域と軍隊というのは互いに持ちつ持たれつの関係だったから、軍隊といえども県知事の意向を無下《むげ》にはできなかった。有吉忠一は、千葉県知事離任後の宮崎県知事時代にも宮崎県営鉄道建設を推進している。その際も千葉県内の鉄道聯隊の助力を仰いでいることから、有吉忠一と鉄道聯隊とは、属人的ともいえる良好な関係を築いていたことがうかがえる。

千葉県営鉄道野田線は、野田醬油醸造組合からの要望で建設が決まり、醸造組合が建設公債を引き受けるなど、縁が深かった。その後、醸造組合は、県営鉄道払い下げと船橋までの路線延長を運動し、北総《ほくそう》鉄道創立に動く。こうして、大正9年（1920）11月、北総鉄道発起人が柏～船橋間の鉄道敷設免許申請を出願し、翌大正10年（1921）11月に免許交付。大正12年（1923）8月には北総鉄道が千葉県から野田線の払い下げを受け、同年12月には新線区間の柏〜船橋間が開業。野田町〜船橋間が北総鉄道野田線となった。昭和5年（1930）10月に大宮〜船橋の全線が開通した。

埼玉県内に路線を延ばした昭和4年（1929）11月には、会社名を北総鉄道から総武《そうぶ》鉄道に改称している。北総つまり下総国《しもふさのくに》（現在の千葉県北部）のみならず武蔵国（現在の埼玉県・東京都・神奈川県北東部）乗り入れを実現したからだろう。総武鉄道といえば、現在の総武本線を建設した総武鉄道という鉄道会社があった（鉄道国有化で消滅）が、この会社とはまったく関係ない。戦時中の昭和19年（1944）3月、鉄道・バス会社の統合を推進した陸上交通事業調整法により、東武鉄道と合併。このときから東武野田線になった。

新京成線の特異な建設経緯

戦後に開業した新京成電鉄が曲がりくねった線形なのは、鉄道聯隊の演習線を利用したからである。600ミリの軌間で線路が津田沼と松戸の間に通じたのは昭和7年（1932）だった。戦時に簡便に敷設される鉄道聯隊線だったことに加え、日露戦争当時に導入された小さな蒸気機関車が動力だったこと、営業線とは異なり、集落を結ぶ義務のようなものはなく、始終点を短絡させる必要もなかったことから、下総台地の分水嶺というか台地の尾根に沿った線形だった。営業線ではなかった上、明治になってから開拓が入った土地で人家も稀薄だったから、間断なく曲がりくねった線形が可能だったのだろう。尾根筋に線路を敷設したから、まともな橋梁は、八柱《やばしら》〜常盤平《ときわだいら》間と初富《はつとみ》〜二和向台《ふたわむこうだい》間（いずれも現在の駅名。演習線当時は駅ではない）にあったふたつだけだった。八柱〜常盤平間の小さな谷は盛土で埋められて跡形無くなり、初富〜二和向台間の線路は新京成線になって経路から外れ、馬込沢《まごめざわ》の谷にコンクリートの橋脚4本がモニュメントのように残っている（左ページ下の写真）。演習線という特異な経緯が、新京成線の異様ともいえる線形を生み出したのである。

終戦後、旧演習線は堤康次郎《つつみやすじろう》の西武農業鉄道（現在の西武鉄道）と京成電鉄との争奪戦の様相を帯びたが、設備（機関車・レールなど）は西武農業鉄道に譲渡され、京成には演習線の軌道敷が残された。昭和22年（１９４７）12月に新津田沼（現在とは異なる位置）〜薬園台《やくえんだい》を開業。その後、松戸方向に延伸をつづけ、昭和30年（１９５５）４月には松戸駅まで全通している。

昭和50年代以降に誕生した新しい路線が、ＪＲ武蔵野線と北総鉄道（東武野田線を建設した大正期の北総鉄道とは関係ない）である。武蔵野線は、貨物主体の東京外環状線として計画され、新松戸〜西船橋間は小金《こがね》線という仮称だった。武蔵野線の延伸という形で昭和53年

「軽便鉄道鉄道敷設実況」と題された津田沼の鉄道第二聯隊の演習風景。レールと枕木を組み合わせた「軌匡」(ききょう)を6人1組で敷設する(当時の絵葉書　著者所蔵)

新京成線は、あまりにも曲がりくねった旧演習線区間を短絡した。初富〜二和向台間の旧演習線区間には橋脚が残る。現在はアカシア児童公園内。

（1978）10月に開業。盛土と切取区間で建設された東武野田線とは異なり、武蔵野線の場合、軟弱地盤の沖積低地の谷の部分には高架橋が建設されており、新しい路線の特徴を示している。騒音軽減のため、バラスト（レール下の砂利）の下には特製マットが敷かれ、人家が近接する区間には防音壁が設置されるなどの工夫がなされた。

いちばん新しい路線が、昭和54年（1979）3月に新京成線の北初富《きたはつとみ》と千葉ニュータウンの小室《こむろ》を結んで部分開業した北総鉄道（当初の名称は北総開発鉄道）である。平成3年（1991）3月に京成高砂《たかさご》～新鎌ヶ谷《しんかまがや》間が開通し、京成線との相互乗り入れが実現（同年7月に北初富駅を介した新京成線乗り入れは終了）。平成16年（2004）7月には、会社名を現在の北総鉄道に変更している。

以上の4線のほか、この地域にはさらに幻の路線がふたつ存在した。

ひとつは千葉県営鉄道北千葉線の計画。本八幡《もとやわた》駅と千葉ニュータウンを結ぶはずだった。都営地下鉄10号線（現在の都営地下鉄新宿線）の千葉ニュータウン延伸という東京都側の構想と結びついたものだが、結局、北千葉線は、昭和48年（1973）の石油ショックによる総需要抑制策への政策転換や推進派県知事の退任で挫折。千葉ニュータウンには小室までの北総線と、小室以東の県営鉄道の免許を引き継いだ住宅・都市整備公団線（現在の千葉ニュータウン鉄道）が開業する。

都営新宿線が東京都を越境して千葉県内の本八幡駅まで延びているのは、北千葉線乗り入れ構想の名残を示すものである。35ページに掲げた新鎌ヶ谷駅付近の鉄道は、別々の思惑で敷設された路線が結びついた希有な区間といえるだろう。新鎌ヶ谷駅自体、昭和の時代は影も形もなかった。

幻の路線といえば、成田新幹線を忘れてはなるまい。新東京国際空港（現在の成田国際空港）建設に際し、都心からあまりにも遠いことから、新幹線で旅客輸送を図ろうとした計画である。途中駅として、千葉ニュータウン（仮称）が計画されていた。

結局成田新幹線は、都心側沿線自治体の協力が得られず、計画そのものが頓挫した。武蔵野線との交差地点付近と目された場所には、道路を覆うシェルターのような不思議な施設が残されている。空から見ると、高速道路の「イカの耳」（路線を接続する構想がある地点で、合流・分岐点になる部分が本線に対して左右に広がる区間を指す）そっくりだ。

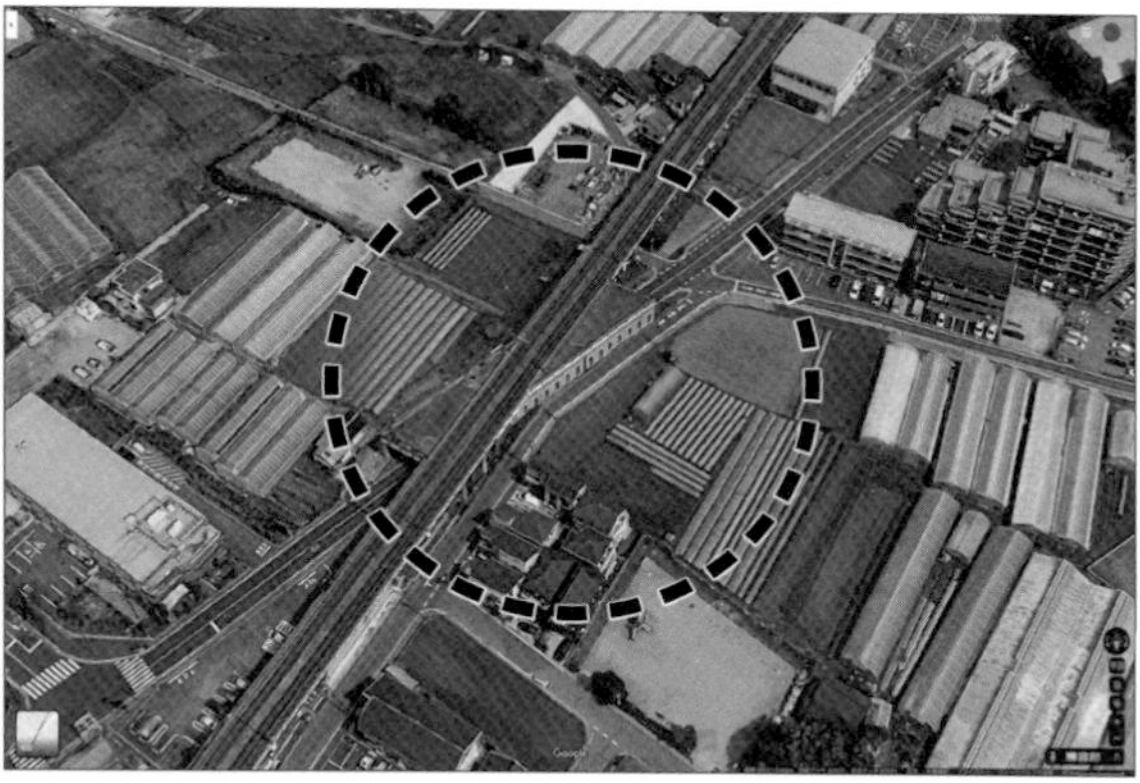

武蔵野線西船橋〜船橋法典間（船橋市印内3丁目付近）の3D 画像。武蔵野線と交わる道路には不思議な覆いが設けられている。成田新幹線はこの付近を通過する予定だった。©2021 Google

●なぜ千葉駅はY字の付け根にあるのか？

初めて千葉駅に降り立った人は、目の前に広がる光景に目を疑うかもしれない。まるで、幼いころに夢見た未来都市がそこに存在しているように思えるからである。

具体的に説明しよう。左に総武本線、右に外房《そとぼう》線がY字状に分かれた高架線の付け根に千葉駅はあり、はるか高い位置を懸垂式の千葉都市モノレールが横切っている。地上はバスターミナルで、ＪＲの南側には、ＪＲのライバルである京成電鉄の千葉線が並行している。少々できすぎの感すらある線路の配置だ。

左ページ上は、千葉駅周辺を西から眺めた画像である。下は千葉駅周辺の現在の地図。千葉駅を中心に鉄道網が構成されている。なぜこのような完璧ともいえる線形が実現できたのか。順を追って見ていこう。

千葉の停車場が最初に開業したのは、明治27年（１８９４）７月20日。このとき、市川～千葉～佐倉《さくら》間が開業している。建設したのは、私設鉄道の総武鉄道である。明治27年（１８９４）８月初頭の日清開戦後は、佐倉に駐屯していた陸軍歩兵第二聯隊《れんたい》の将兵を載せた出征列車が運行されている。

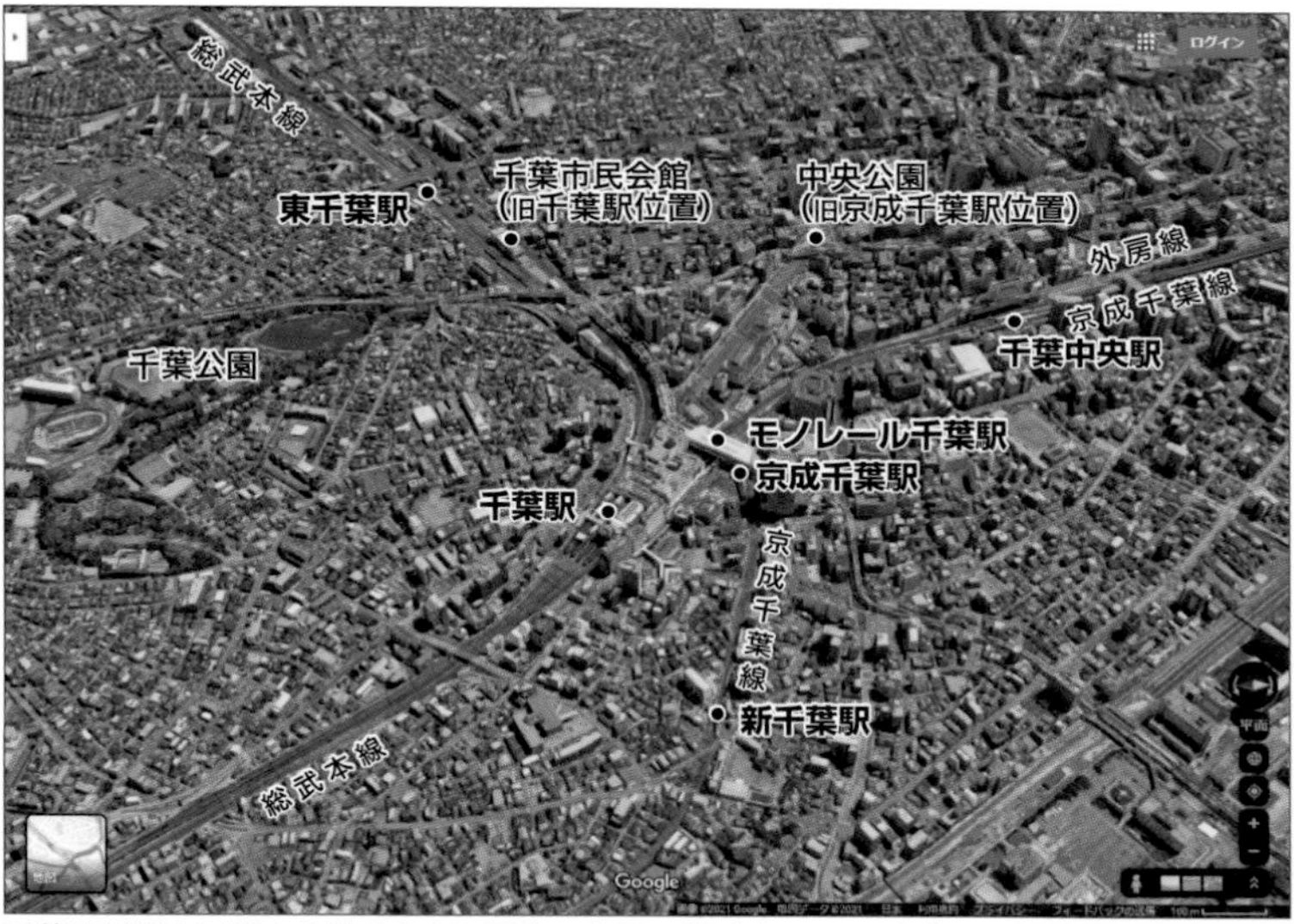

千葉駅付近を西側から眺めた3D 画像。北西の稲毛方面から延びてきた総武本線の線路は千葉駅のところで弧を描いて左に折れ、外房線が右に分岐する。©2021 Google

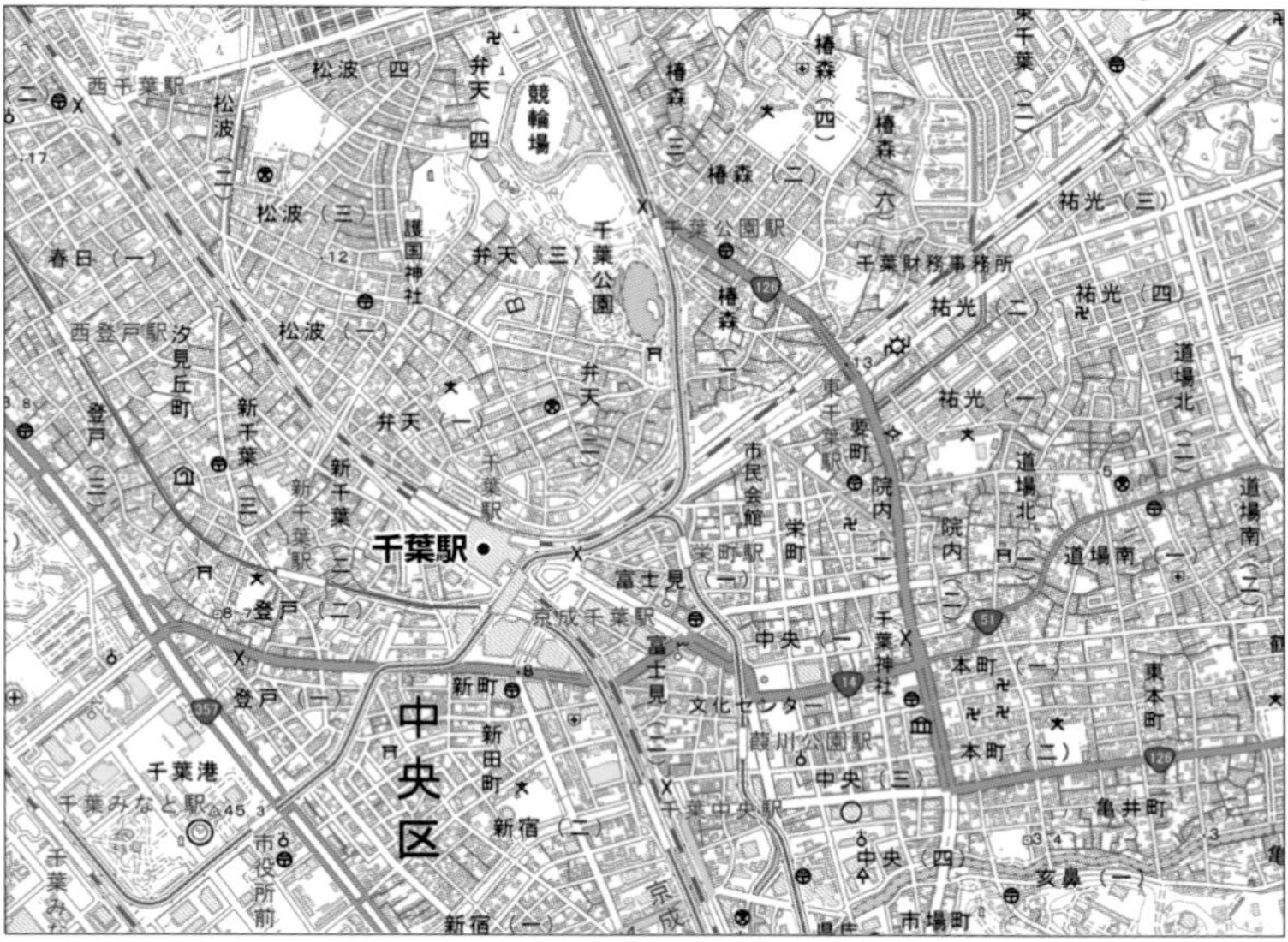

千葉駅周辺の現状地図。千葉駅のところで線路がきれいに分岐している。京成線とモノレールも千葉駅前に駅があり、理想的なターミナルを形成している。

開通当時の千葉市街は、現在とは比較にならないほど小さかった。そもそも千葉に県庁が置かれたのは、県域を代表する大都市だったからではない。明治6年（1873）6月に現在の千葉県が誕生するまで、北部の下総《しもふさ》地域には佐倉に県庁を置く印旛《いんば》県があり、南部の上総《かずさ》・安房《あわ》地域には木更津《きさらづ》に県庁を置く木更津県が成立していた。印旛・木更津両県が合併する際、県庁をどこに置くかで揉め、結局両県の境界付近の千葉に県庁を設置することになった。印旛・木更津両県の綱引きの結果というか、妥協の産物にすぎなかった。

明治7年（1874）の千葉の人口はたった3100人ほど。県下最大の都市は銚子《ちょうし》で約1万7700人、次いで船橋の約9500人だった。佐倉の約6700人、木更津の約4400人と比べても少ない。人口は県内8位にすぎなかった。

千葉の市街地は、千葉神社がある現在の本町付近から南のわずかな一角だった。東京湾沿いの海岸段丘上を南東に進んだ総武鉄道は、佐倉に向かうため、ほぼ直角に急曲線を描いて、市街に入る直前で踵《きびす》を返すかのごとく北東を向いた。

こうした線形のため、最初の千葉停車場は、現在の東千葉駅付近に設置されている。当時の市街の端からは約500メートル北西に離れた位置で、下総台地を背負うように立地した停車場の南には水田が一面に広がっていた。明治29年（1896）に開通した房総鉄道（現在の外房線）の線路は、千葉停車場から折り返すように南東方向に分岐して敷設され

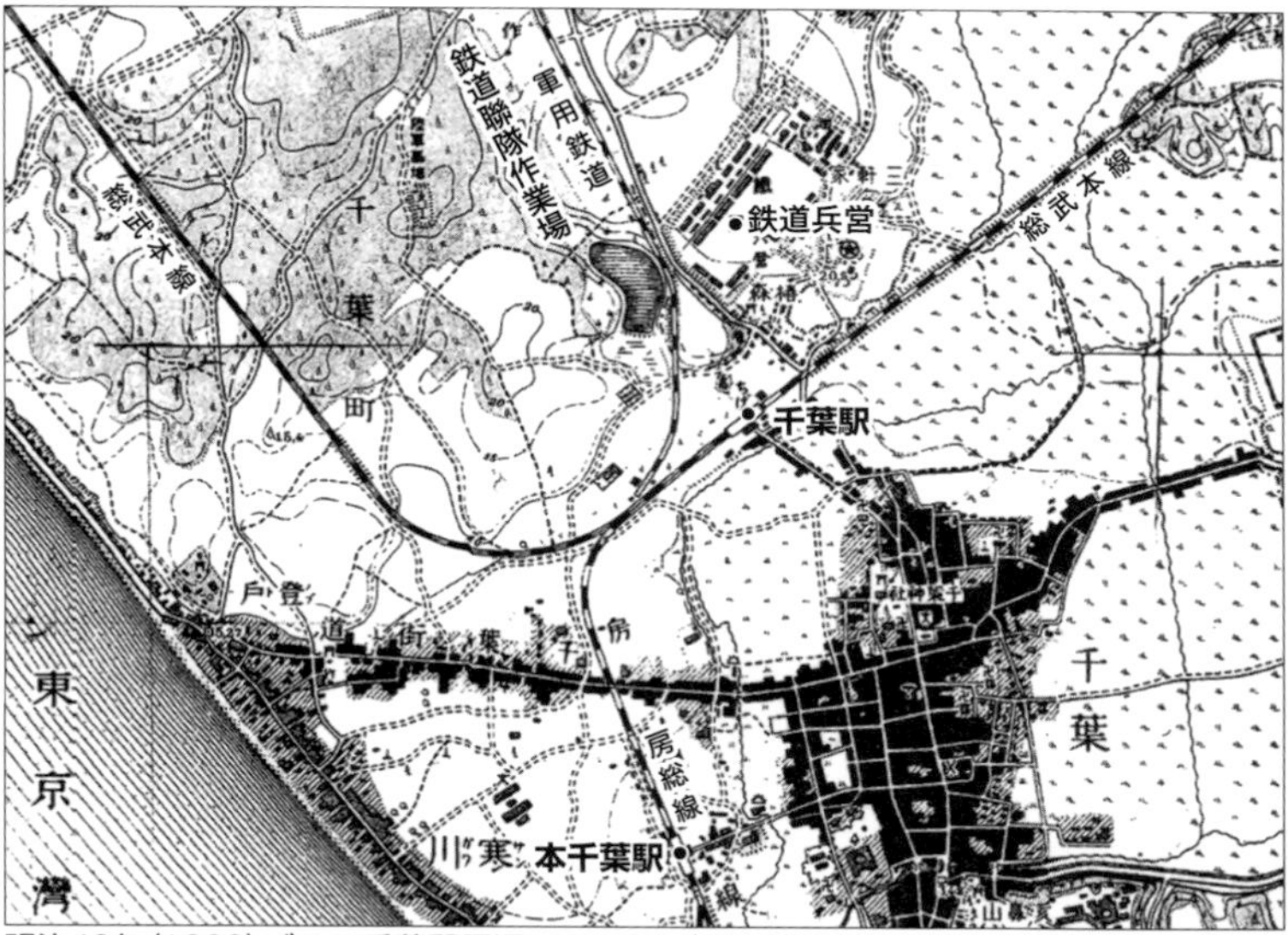

明治42年（1909）ごろの千葉駅周辺。43ページ下の地図と同範囲とは思えない。市街は駅から離れた位置にあり、駅の位置も線形もまったく違う。「今昔マップ」に加筆。

昭和27年（1952）ごろの千葉駅周辺。京成千葉線が市街中心部まで乗り入れていた。現在の千葉駅の位置には扇形の機関庫が記載されている。「今昔マップ」に加筆。

ていた。その際、千葉市街に近い場所（現在の千葉中央駅の位置）に設置されたのが寒川停《さんがわてい》車場だった。寒川停車場は明治35年（1902）に本千葉《ほんちば》と改称。千葉市中心部の区画整理事業により、昭和33年（1958）に400メートル南の現在位置に移転している。

鉄道開通が呼び水となり、東京から大挙して軍施設が移転してきた。千葉駅周辺でいえば、背後の椿森《つばきもり》の丘陵には、鉄道聯隊本部が明治41年（1908）11月に設置された。総武本線と房総線との分岐付近からは軍用鉄道が北方に向けて敷設され、その沿線に鉄道聯隊の材料廠《ざいりょうしょう》と作業場の広大な土地が確保された。

材料廠と軍用鉄道を挟んだ東側に大正元年（1912）9月、陸軍歩兵学校が設置。さらに昭和2年（1927）には鉄道聯隊近くに気球隊が埼玉県の所沢《ところざわ》から移転。昭和11年（1936）には気球聯隊に発展する。蘇我町《そがまち》地先の埋立地には昭和17年（1942）4月、軍用機を製造する日立航空機が操業を開始した。終戦までの千葉というのは、県都であると同時に軍都でもあったのだ。

千葉市街は、終戦間際の昭和20年（1945）6月10日と7月7日に大規模な空襲を受けた。軍施設はもとより、市街地の大半が焼失した。

戦後の復興計画で、千葉駅周辺は大きくその姿を変えることになった。昭和21年（1946）に制定された特別都市計画法の下で、千葉市は大規模な戦災復興事業に着手。その

千葉公園の北方に立地する千葉経済大学構内には明治期の鉄道聯隊材料廠の建物が残されている（非公開）。戦後は長らく国鉄千葉レールセンターとして使用。

千葉公園はかつての鉄道聯隊演習場。公園事務所脇には演習用トンネルの坑門が残る。要石の上にマサカリとレールを組み合わせた鉄道聯隊の記章が付けてある。

一環として実施されたのが、鉄道網の再構築だった。

まず、京成千葉駅の移転である。京成千葉線は国鉄千葉駅の手前で市街に乗り入れ、葭《よし》川《かわ》沿い（現在は千葉都市モノレールが通る）に路線を延ばし、大正10年（1921）に市街の中心に千葉駅（昭和6年〔1931〕に京成千葉駅に改称）を開業していた。この路線を房総東《とう》線（現在の外房線）の線路の海側に並行して大きく迂回させた。新線は昭和33年（1958）2月1日に開業。新しい京成千葉駅（現在の千葉中央駅。京成千葉駅の名称は、国鉄が分割民営化された昭和62年〔1987〕4月1日に国鉄〔JR〕千葉駅そばの「国鉄千葉駅前駅」が引き継ぐ）は、国鉄本千葉駅の旧位置に設置された。

京成千葉線の線路付け替えと同日、国鉄の本千葉駅がやや南の現在の位置に移転している。つづいて昭和38年（1963）4月28日、房総東線の新線付け替えと千葉駅の移転開業が実施された。こうして現在のY字の付け根に立地する千葉駅が誕生したのである。

千葉都市モノレールが千葉駅前に乗り入れてくるのは、平成3年（1991）。現在の位置に千葉駅が開業するのは、平成7年（1995）である。駅ビルは平成29年（2017）に建て替えられた。JR東日本の首都圏の駅ビルが軒並みアトレと商号を変更するなか、千葉駅の駅ビルは、建て替え後もペリエ（昭和60年〔1985〕に駅ビルがペリエの愛称になる）の名前を維持している。

現在の千葉駅付近を昭和30年代に西から空撮。手前が千葉機関区と機関庫(現在の千葉駅の位置)、左上が当時の国鉄千葉駅、右奥に見えるのが京成千葉駅。『絵にみる図でよむ千葉市図誌』上巻より(加筆)。

千葉駅移転後の昭和40年(1965) 10月、南から撮影。駅ビル屋上には回転展望レストランがあった。右端の白いビルは8月に竣工したばかりの塚本大千葉ビル。のちに千葉三越が入店。『絵にみる図でよむ千葉市図誌』上巻より(加筆)。

なぜ両毛線はジグザグの路線なのか？

両毛線《りょうもう》は、栃木県の小山《おやま》（東北本線・新幹線）と群馬県の新前橋（上越線）を結ぶＪＲ線である。新前橋～前橋間を除く全線が明治時代、両毛鉄道によって建設された。

興味深いのは、もともと栃木・群馬両県全域を指した「両毛」という地域名称が、両毛線開業後は両毛線沿線（群馬県南東部と栃木県南西部）のみを指すことが多くなったことだ。鉄道が与えた影響の大きさを思い知らされる。

ところで両毛線は、なぜ関東平野北辺に位置する各都市を結んでジグザグに敷設されているのだろう。両毛鉄道の開業は明治21年（1888）まで遡り、全国で4番目（日本鉄道、阪堺《はんかい》鉄道〈南海電気鉄道の前身〉、伊予《いよ》鉄道に次ぐ）に設立された歴史のある鉄道会社だった。明治の鉄道線でここまで露骨に都市を結ぶ線形にした路線はあまり例を見ない。

生糸・織物景気が生み出した線形

蚕が生み出す生糸や絹織物は、明治初期の日本のほとんど唯一といっていい輸出産品だった。関東平野の西部から北部にかけては養蚕業が隆盛期を迎えており、そこで生み出さ

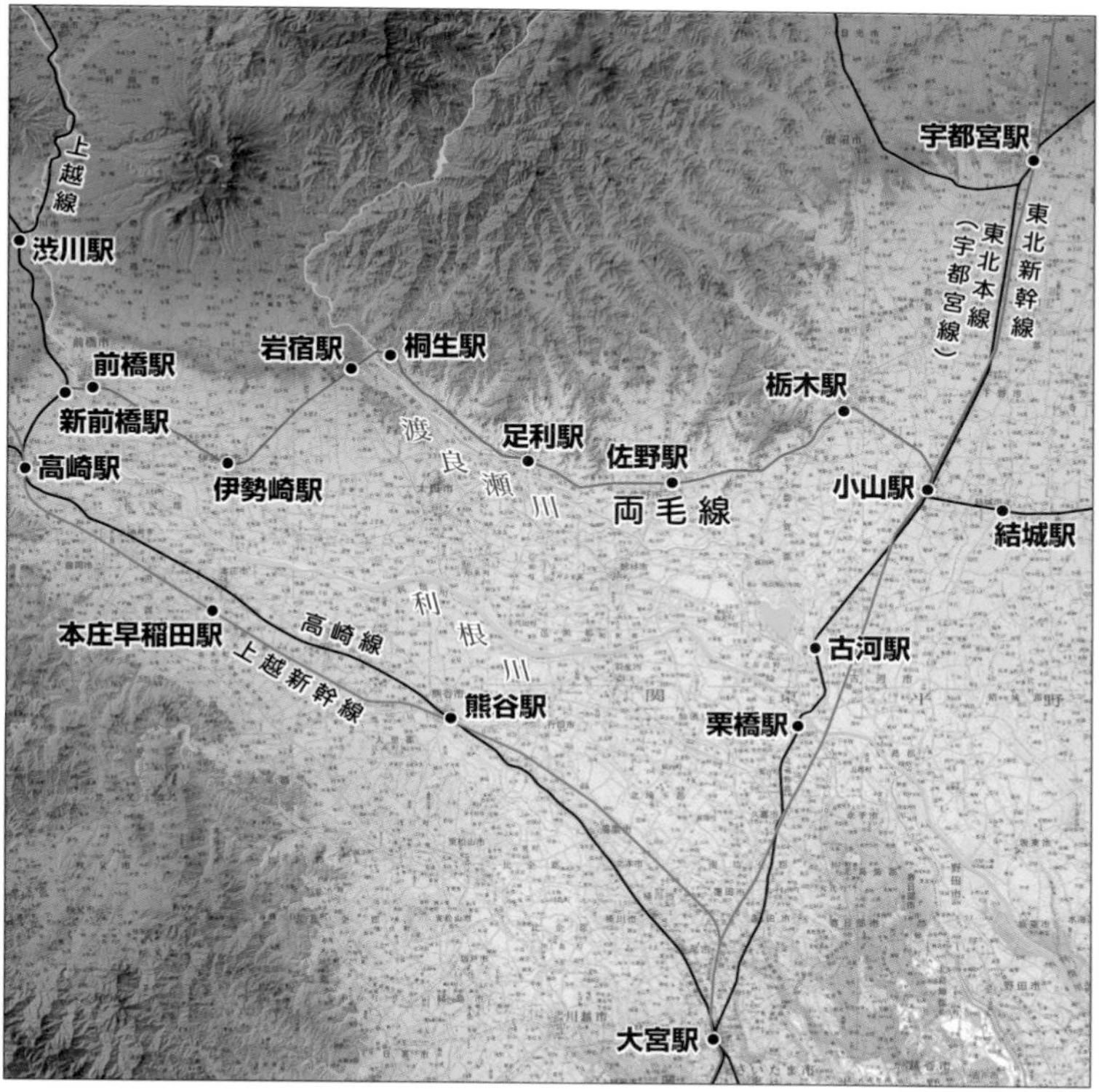

両毛線とその周辺のJR線。大宮駅で東北本線と高崎線が分岐し、Y字の線路をつなぐように両毛線が敷設されている。

れた品々は、横浜港を通じて欧米に向けて輸出されていた。

思わぬ富を手にした生糸・繊維関連の経営者は、横浜にいち早く生糸や絹織物を輸送するべく、大量かつ速達輸送手段としての鉄道の誘致を熱望する。すでに両京幹線の一部としての日本鉄道第一区線上野～熊谷《くまがや》間の建設が進んでおり、明治16年（1884）7月に開通。翌年8月までに前橋までの区間が開業する。

第二区線（青森方面に延びる鉄道線の白河《しらかわ》までの区間）建設の際、当地の繊維関係の有力者はその経路をめぐって暗躍した。明治15年（1883）12月、第一区線上の熊谷から分岐して、熊谷～大間々《おおまま》～桐生《きりゅう》～足利《あしかが》～佐野《さの》～栃木～鹿沼《かぬま》～宇都宮の鉄道建設の請願書を栃木県令三島通庸《みしまみちつね》に提出。その主張を取り入れたのが乙線案（左ページの地図参照）である。甲線案（大宮付近から分岐し、北に直進する経路）と併記されるほどになったが、青森まで路線を延ばすことを優先する鉄道局長官の井上勝《いのうえまさる》は、明治17年（1885）11月、甲線案を採用する旨の上申を工部卿《こうぶきょう》の佐々木高行《ささきたかゆき》に提出。距離が長く、工費も工期も余計にかかる乙線案を一蹴していた。第二区線は甲線案の経路で明治18年（1885）7月に開通している。

第二区線の誘致に失敗した当地の繊維関係者は、小山～栃木～佐野～足利～桐生～大間々～伊勢崎～前橋という第一区・第二区両線を結ぶ新たな鉄道会社創立に動く。明治19年（1886）11月、両毛鉄道創立を群馬県知事の佐藤与三《よぞう》と栃木県知事の樺山資雄《かばやますけお》に出願。両知事は12月に政府に鉄道建設を願い出、翌年5月に認可された。鉄道局長官の井上勝は、両毛鉄道を日本鉄道が建設した幹線の支線と位置づける指示を下していた。

紆余曲折はあったが、ようやく地元名望家が望んだ鉄道路線が誕生した。小山～前橋間の工事が大詰めを迎えた明治22年（1889）3月、終点の前橋から渋川《しぶかわ》まで延長する路線の建設を申請したが、全線開通前で早計だとして却下されている。

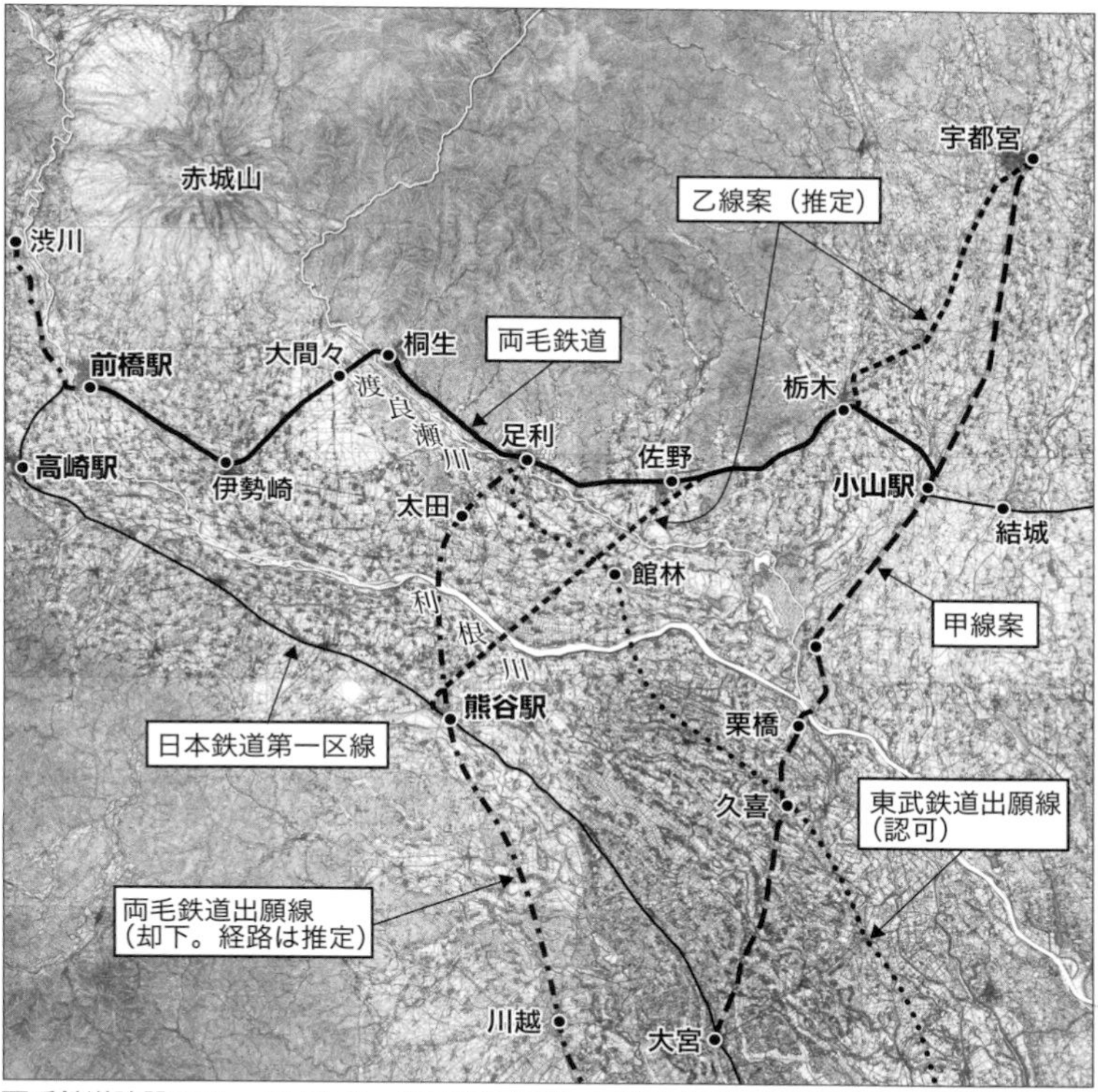

両毛鉄道建設のきっかけとなった日本鉄道第二区線の「甲線」「乙線」案と、開業後の両毛鉄道の延長計画、同時期に出願された東武鉄道の線路案を図示。経路から離れていた大間々の停車場は隣の阿左美村岩宿に開設された。「今昔マップ」に加筆。

事前の予測では、両毛鉄道は大幅な収益が見込まれていた。ところが蓋を開けてみれば、収支は期待を下回り、予定の配当も不可能になった。株主は不満を募らせていく。

日清戦争が終結して半年近く経った明治28年（1895）9月、両毛鉄道は東京と横浜に延長する計画を申請する。計画では、足利から分岐し、熊谷、大《おお》和田《わだ》（現在の新座《にいざ》市大和田）を経て神奈川（横浜付近）に至る路線と、大和田から東京（富坂《とみざか》〔現在の文京区小石川2丁目付近〕）までの支線だった。もし横浜までの短絡線が実現すれば、所要距離も93マイル余（約150キロ）（足利〜小山〜大宮〜赤羽〜品川〜横浜）から69マイル余（約112キロ）（足利〜熊谷〜八王子〜川崎〜横浜）へ大幅な短縮となるはずだった。

折りしもこの時期、明治28年（1895）3月には毛武《もうぶ》鉄道が東京の富坂〜足利間の鉄道建設を申請、4月には東武鉄道が東京の越中島《えっちゅうじま》〜足利間の鉄道建設を申請していた。両毛鉄道の新線出願は、新興の2社、とりわけ毛武鉄道の動向に刺激された面が大きかった。

明治29年（1896）5月、毛武鉄道に対して板橋〜足利間の仮免許が交付（毛武鉄道は事業資金が集まらず、明治32年〔1899〕5月に解散）、6月には東武鉄道が千住《せんじゅ》〜足利間の仮免許を手にしていた。一方、両毛鉄道の延長計画は、明治29年（1896）3月30日の「鉄道会議」（鉄道に関する最高諮問《しもん》会議）で議論されたが、出願が遅かったことや、日本鉄道の幹線をつなぐ支線という当初の位置づけが足枷《あしかせ》となり、認可が下りなかった。

両毛鉄道の有力株主は事業の将来を悲観し、合併を望むようになる。両毛鉄道は東武鉄道と合併を協議したが、不調に終わった。結局両毛鉄道は、相互乗り入れを実施していた日本鉄道に吸収されて、明治30年（1897）に消滅する。都市を丹念につないでいる独特の線形だけが、わずかに織物景気の熱気と両毛鉄道創業をしのばせている。

なぜ常磐線は大きく迂回して水戸に入るのか？

57ページの図は、常磐線《じょうばん》と旧水戸《みと》街道を地図に記したものである。ひと目見て奇妙なことに気づかないだろうか。それは、高浜《たかはま》駅以北の常磐線が、突然大きく北西に迂回していることである。しかも石岡《いしおか》駅以北では、重要な街道だった水戸街道からも大きく外れている。なぜわざわざよけいに距離のかかる経路を選択したのか。

水戸街道に沿った経路上に、急勾配や大きな河川といった地形的に難しい箇所はない。問題になるとすれば、涸沼川《ひぬまがわ》を越える区間（水戸街道の小幡宿《おばたじゅく》〔現在の茨城町小幡《いばらきまち》〕～長岡宿《ながおかじゅく》〔現在の茨城町長岡〕間）だが、こことて前後の比高は10パーミル以内。涸沼川の橋梁は、河川敷を含めてもせいぜい100メートル以内に収まる。長さ約400メートルの江戸川橋梁や約750メートルの利根川《とねがわ》橋梁とは比べものにならないほど架橋は容易なはずである。

南線案と北線案の対立

地形に原因が求められないとすれば、迂回する経路になった理由はどこにあるのか。

実はカラクリがあった。常磐線に向かって西（地図の左上）から接続する水戸線の存在が鍵だった。常磐線よりも水戸線の歴史のほうが古かったという事実を知れば、この線形の意味が浮かび上がってくる。

水戸線を建設したのは水戸鉄道という鉄道会社である。水戸〜小山間の鉄道建設を出願したのは明治20年（1887）1月とずいぶん早い。手っとり早く水戸からの物資を東京に運ぶため、すでに開通していた日本鉄道第二区線（現在の東北本線）に接続しようとしたのである。その背後には、茨城県知事の安田定則がいた。安田知事は渡欧経験があり、鉄道の有効性を熟知していた節がある。前任の人見寧《ひとみねい》県令や隣県の船越衛《ふなこしまもる》千葉県知事は水運に拘り、終止利根運河建設に執心したが、安田は早期の鉄道開設を決断したのである。

茨城県庁は笠間《かさま》経由の北線と土浦《つちうら》経由の南線の2案を準備し、鉄道事業に絶大な権限があった鉄道局長官の井上勝に見せて意見を問うた。これが58ページの図である。北線のほうが11マイル余（約18キロ）も経路が短く工費も安い。南線は水運と競合する難点もある。北線に軍配が上がったのはいうまでもなかった。こうして明治20年（1887）年4月15日、川崎八右衛門《かわさきはちえもん》（川崎銀行頭取）や旧水戸藩の有力者を発起人として、あらためて北線案を経路とした出願に踏み切る。

おそらく南線案不利という情報が伝わっていたのだろう。茨城県南部の有力者は黙っていなかった。水戸鉄道が出願する直前の明治20年（1887）年4月7日、機先を制する

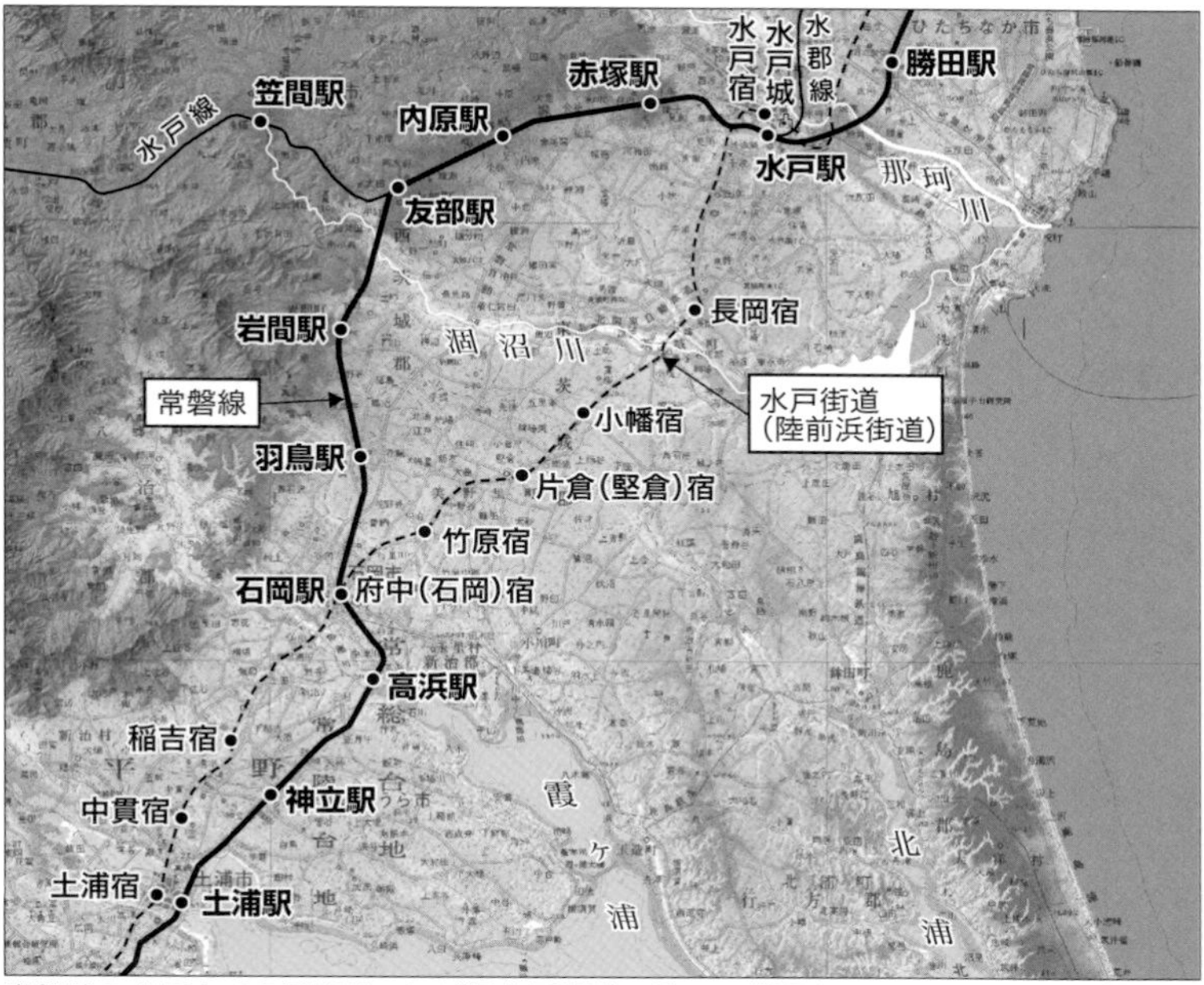

常磐線の水戸までの区間は、ほぼ旧水戸街道に沿って敷設されている。ところが石岡～水戸間の経路だけが水戸街道から大きく外れている。

が如く、水戸～石岡～土浦～下妻《しもつま》～諸川《もろかわ》（現在の古河《こが》市内）～古河の鉄道建設を目的とした常総《じょうそう》鉄道を出願するのである（58ページ参照）。しかし、当時の経済力からすれば、水戸鉄道との同時着工は不可能であり、鉄道局と県庁の肚《はら》はすでに北線で決まっていた。5月24日、政府は常総鉄道の出願を却下し、水戸鉄道の出願を認可した。私設鉄道としては前項で取り上げた両毛鉄道に次いで、全国で5番目の創立である。

明治22年（1889）1月に水戸鉄道は栃木県の小山から水戸までの全線を開業する。しかしわずか3年後の明治25年（1892）3月、水

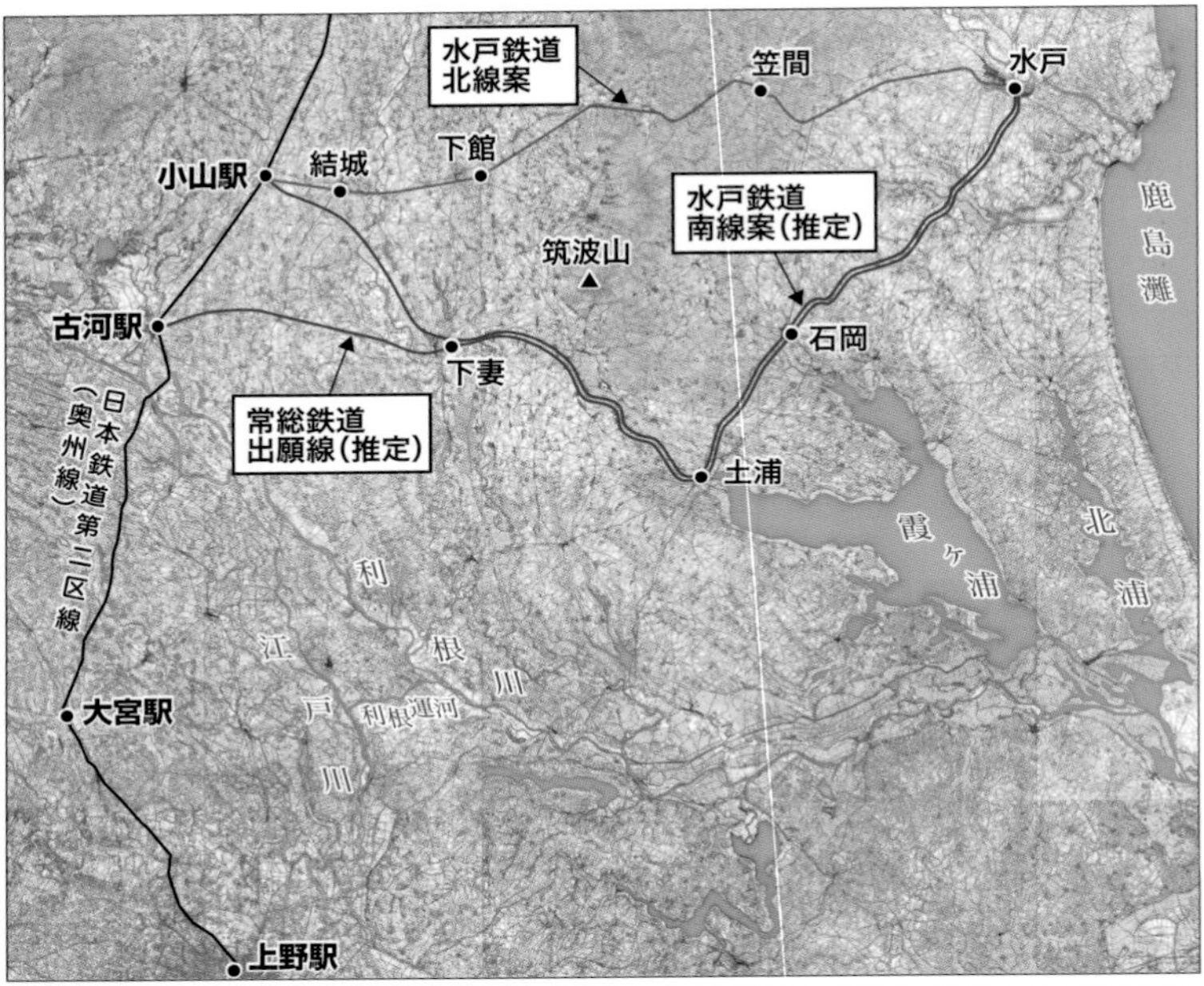

水戸と東京を結ぶ鉄道は、すでに開通していた日本鉄道第二区線に接続する経路が模索された。水戸鉄道の２つの経路案と常総鉄道の経路案を図示。「輯製二十万一図」に加筆。

戸鉄道は全線の事業を日本鉄道に譲渡してしまうのである。当初から鉄道建設と運営を日本鉄道に委託しており、株主から日本鉄道と合併する方が有利という声が広がり、明治24年（１８９１）４月の株主総会で日本鉄道との合同が議決されてしまったためである。こうして水戸鉄道の区間は日本鉄道水戸線になった。現在のＪＲ水戸線と同一名称だが、当時の水戸線の区間が小山～水戸間であったことに留意したい。

明治28年（１８９５）11月に日本鉄道土浦線の土浦～友部《ともべ》間が開業。土浦線の列車が水戸まで乗り

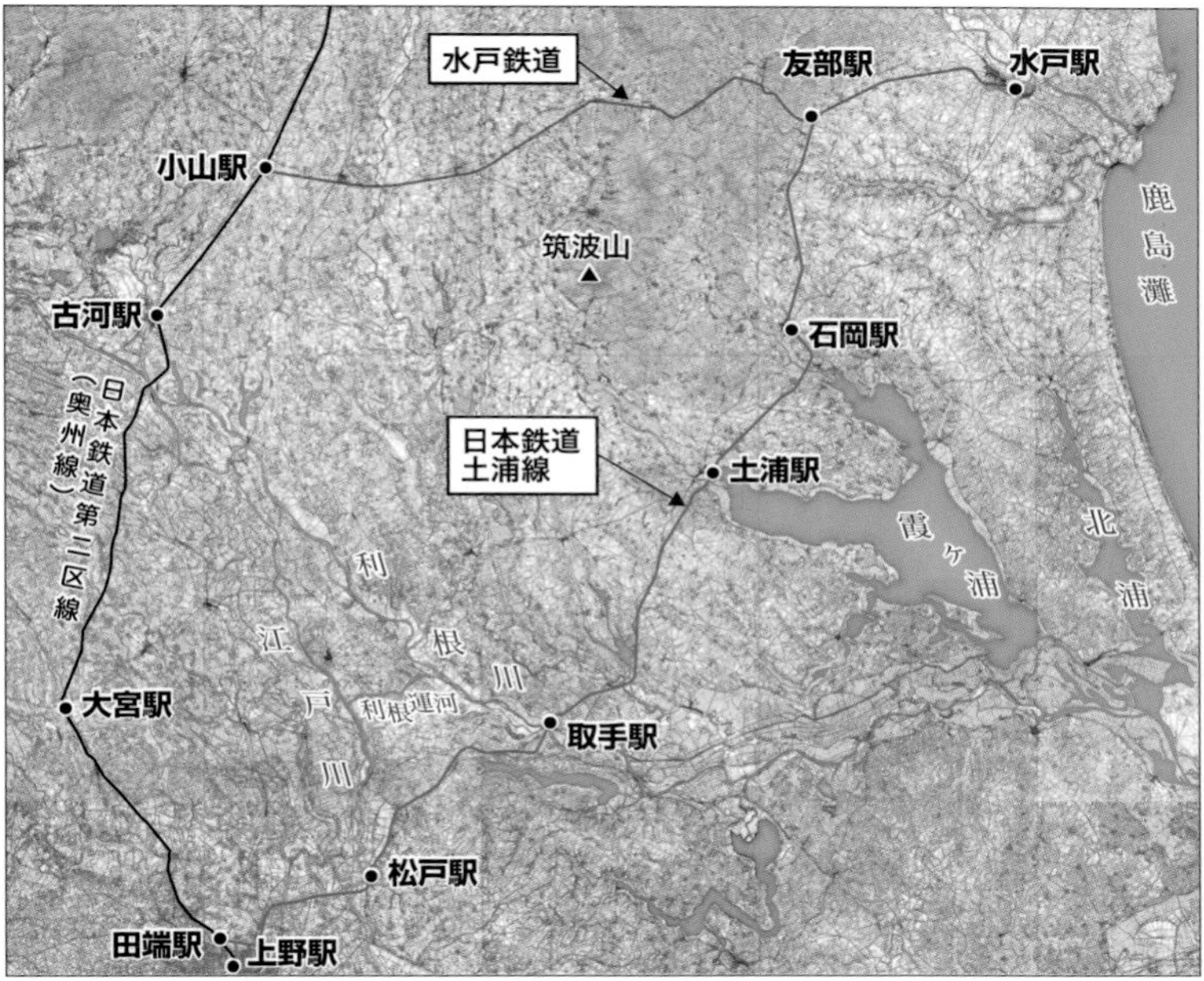

小山と水戸を結ぶ水戸鉄道が最初に開業。その後、日本鉄道の土浦線が水戸鉄道に乗り入れる形で接続する。「輯製二十万一図」に加筆。

入れるようになった。因みに水戸線との分岐となった友部停車場は、土浦線の接続を控えた明治28年（1895）7月の開業である。現在の友部駅付近の地図を見ると、もとの水戸鉄道の線路が一直線なのに対し、後から乗り入れた土浦線（土浦方面）の線路が弧を描いて友部駅に乗り入れており、どちらの線路が後から敷設されたか、無言のうちに語っている。

　土浦線の土浦〜南千住間が開通するのは明治29年（1896）12月。水戸線と土浦線が接続した時点では、土浦以南の鉄道は未開通だった。現在の常磐線にあたる区間は、隅田川線（田端～隅田川）・土浦線（田端～友部）・水戸線（友部～水戸）・磐城《いわき》線（水戸～岩沼《いわぬま》）と区間ごとに呼称が分かれていた。日本鉄道が田端～岩沼間を海岸線と命名するのは明治34年（１９０１）11月である。以降、水戸線は小山～友部間のみとなった。

やがて日本鉄道は明治39年（１９０６）に国有化された。明治42年（１９０９）に線路名称が制定されると、小山～友部間のみが水戸線とされ、海岸線は常磐線と改称された。友部～水戸間の常磐線は、いわば水戸線にただ乗りしたのである。ＪＲ水戸線が、線名に水戸を冠しながら、水戸駅を含まない理由も理解されただろう。現代の感覚では、東京と水戸を結ぶ鉄道は南北に延びた常磐線しか思い浮かばないが、最初の東京（上野）～水戸間の鉄道経路は、小山経由の逆Ｌ字状だったのだ。

ＪＲ水戸線と水戸駅の関係は、ＪＲ奈良線と奈良駅の関係に似ている。奈良線の前身である奈良鉄道は、明治29年（１８９６）に京都～奈良間の鉄道を建設した。ところが奈良鉄道は明治38年（１９０５）に関西鉄道に譲渡され、関西鉄道は明治40年（１９０７）に国有化。明治42年（１９０９）に線路名称が制定されると、奈良線の区間は京都～木津《きづ》間のみとなり、木津から奈良までの区間は関西本線の一部に組み込まれてしまったのだ。ただし、実際の車両運用では、水戸線も奈良線も大半の列車が水戸駅と奈良駅まで乗り入れており、利用者は線名との齟齬《そご》をほとんど感じないと思われる。

第二章

ゴチャゴチャの線路には理由がある

計画的にそうしたとは、
ちょっと思えない、
見るからに理由がありそうな、
ゴチャゴチャした路線図。

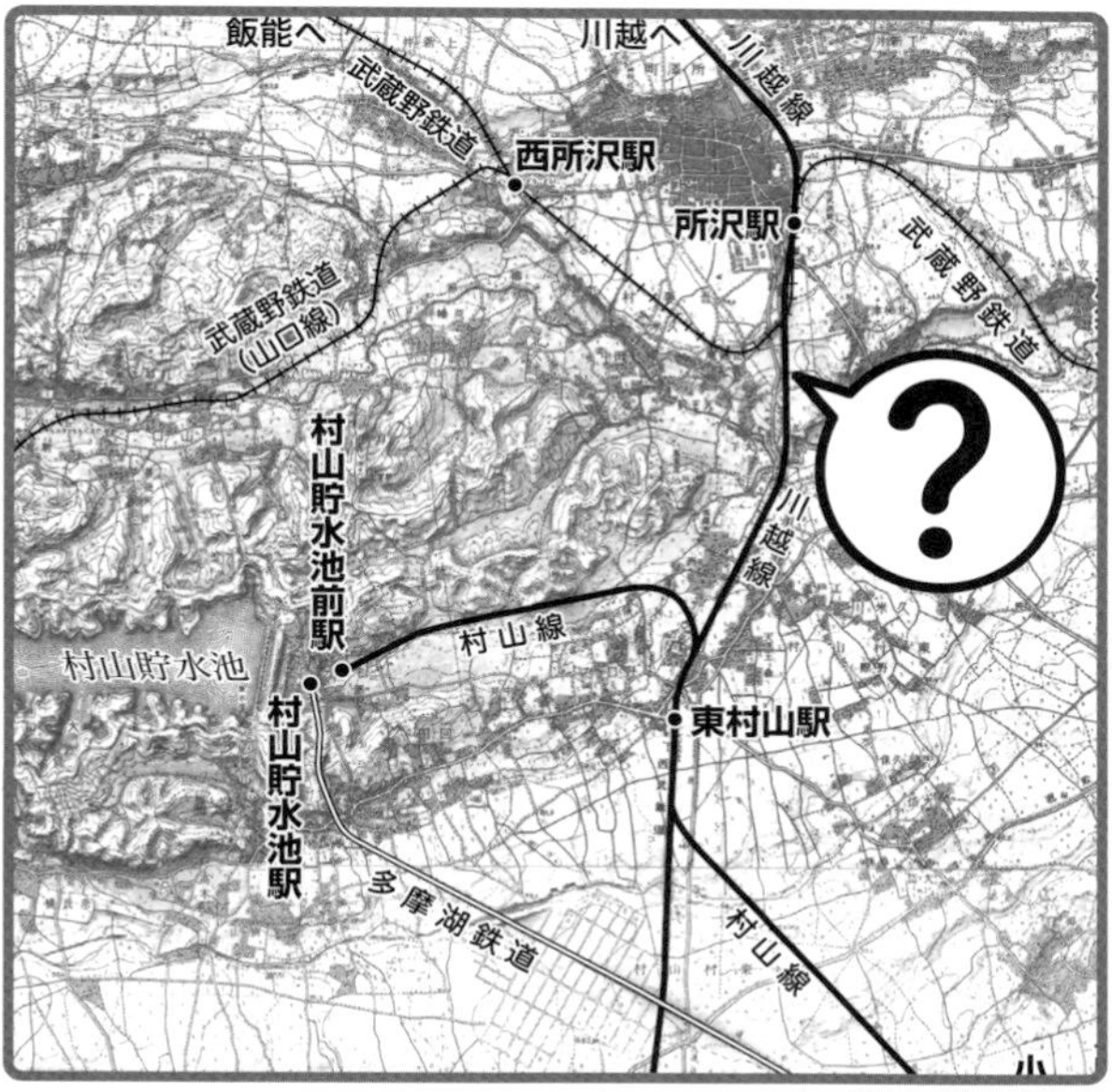

なぜ西武新宿線と西武池袋線は途中で交差するのか？

一見、当たり前すぎて、奇妙さに気づかないことがある。西武新宿線と西武池袋線の線形はその典型といえるだろう。

最初、新宿（西武新宿）と池袋を出発した両線は、山手線を離れるとともにわずか1キロ内外を、付かず離れずまるで並走するかのように北西に向かう。東京23区のすぐ西に位置する西東京市《にしとうきょうし》（田無《たなし》や保谷《ほうや》あたり）付近まではそういう状況である。

ところがJR武蔵野線を横断するあたりからおかしなことになる。西武新宿線が東村山《ひがしむらやま》から向きをくるりと北に変えたかと思えば、西武池袋線は逆に南に向かい、両線ともなぜか同じ所沢《ところざわ》を目指すのである。そしてその後はさらに奇妙な線形となる。西武新宿線が川越《かわごえ》を目指して北進するのに対し、西武池袋線は北から所沢駅に入線し、くるりと踵《きびす》を返すようにS字のカーブを描いて、はるか秩父《ちちぶ》の飯能《はんのう》方面を目指す。シロート目には、西武新宿線が西の飯能に向かい、西武池袋線が北の川越に向かうほうが理に叶《かな》っているように思うのだが、なぜ複雑な線形をしているのか。

結論から言えば、もともと西武新宿線と西武池袋線は別の鉄道会社の路線だった。しか

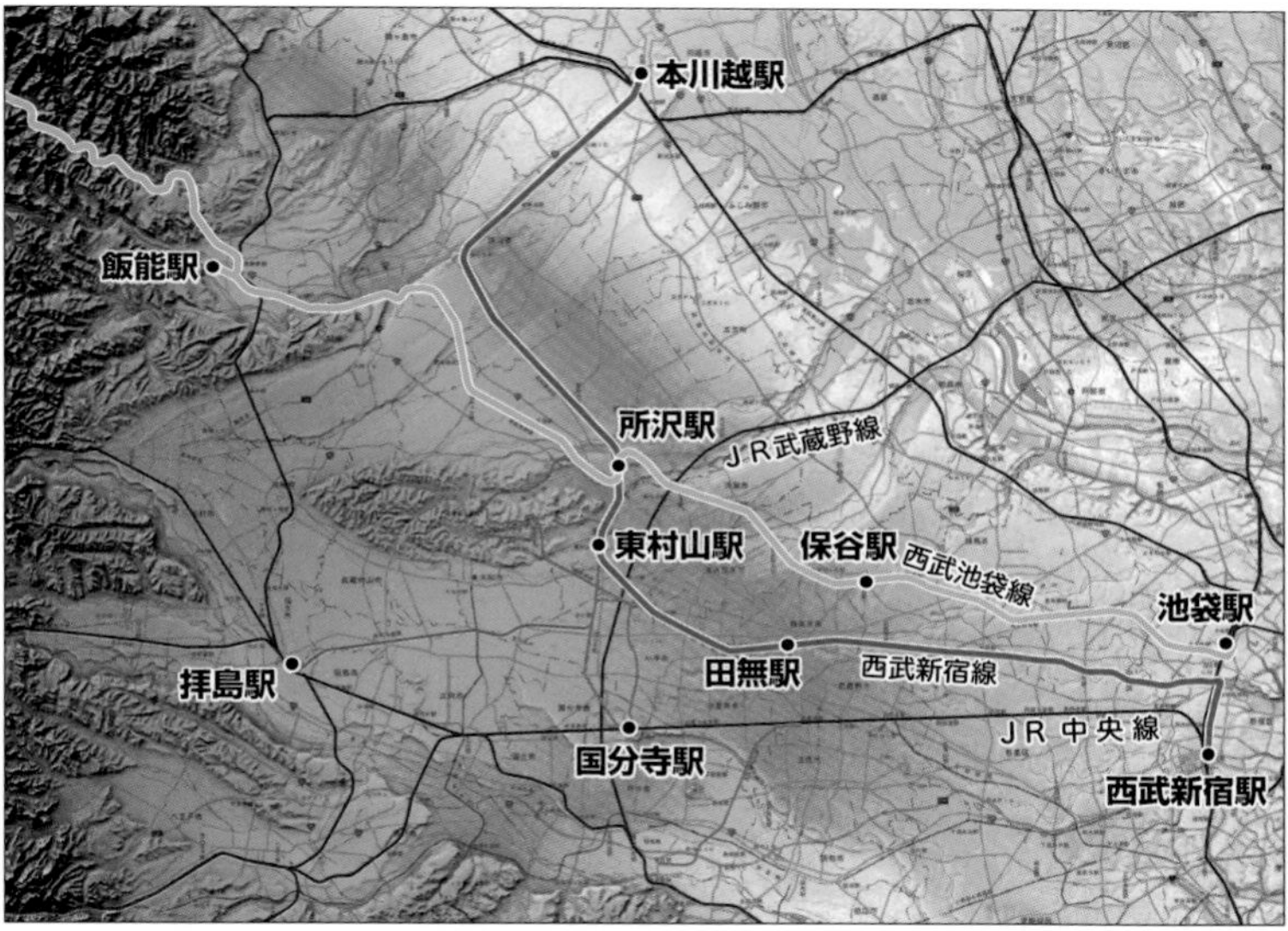

都心の北西部に路線網を築いた西武鉄道。西武新宿線と西武池袋線は、所沢駅で交差して複雑な経路をたどっている。

も両方の鉄道会社は、ライバルといえば聞こえがいいが、犬猿の仲といったほうがむしろ実態に即していた。

さらに一般の混乱を助長するのが社名である。合併主体（呑み込んだ側）となったのは武蔵野鉄道（現在の西武池袋線を運行）という会社で、合併の客体（呑み込まれた側）の会社が西武鉄道（現在の西武新宿線を運行）である。合併前の西武鉄道は、武蔵野鉄道に自社株の過半数を握られ、いわば敵対的買収のようなかたちで「合併させられた」のだが、呑み込まれたほうの「西武鉄道」を新社名としたことが、事態をよけいわかりにくくしている。

現在の西武鉄道の創立記念日が、歴史の古い西武鉄道（旧社）の創立日（明治25年

〔1892〕8月5日）でなく、武蔵野鉄道の創立日（明治45年〔1912〕5月7日）であることが、この合併の本質をなにより物語っているといえるだろう。以下、合併前の西武鉄道に関しては（旧社）の文字を入れて記述する。

所沢に残る不思議な線形

西武鉄道（旧社）の創立は明治25年（1892）に遡る。設立時は川越鉄道といい、明治27年（1894）12月に国分寺《こくぶんじ》〜久米川《くめがわ》（現在の東村山駅付近）間（現在の西武国分寺線の区間）を開業したのが始まりだった。当時の川越鉄道は甲武《こうぶ》鉄道（御茶ノ水〜八王子間の中央線を建設）の子会社であり、建設工事のみならず、運行などの業務全般を甲武鉄道に委託していた。明治28年（1895）3月には川越（現在の本川越《ほんかわごえ》）までの路線を開業。翌月には国分寺停車場を通じて、甲武鉄道のターミナルとして開業したばかりの飯田町《いいだまち》までの乗り入れを開始している。飯田町〜川越間の直通列車運転は、甲武鉄道が国有化された明治39年（1906）10月1日の前日までつづいた。甲武鉄道国有化と同時に、甲武鉄道への委託経営を脱して独立。飯田町駅の甲武鉄道本社内にあった川越鉄道本社も川越に移転している。

大正3年（1914）に川越電気鉄道（川越久保町《くぼまち》〜大宮間。のちの西武鉄道大宮線を運営）と合併していた武蔵水電《むさしすいでん》（神流川《かんながわ》の水力発電会社）は、鉄道電化事業推進と都心乗り入れを意

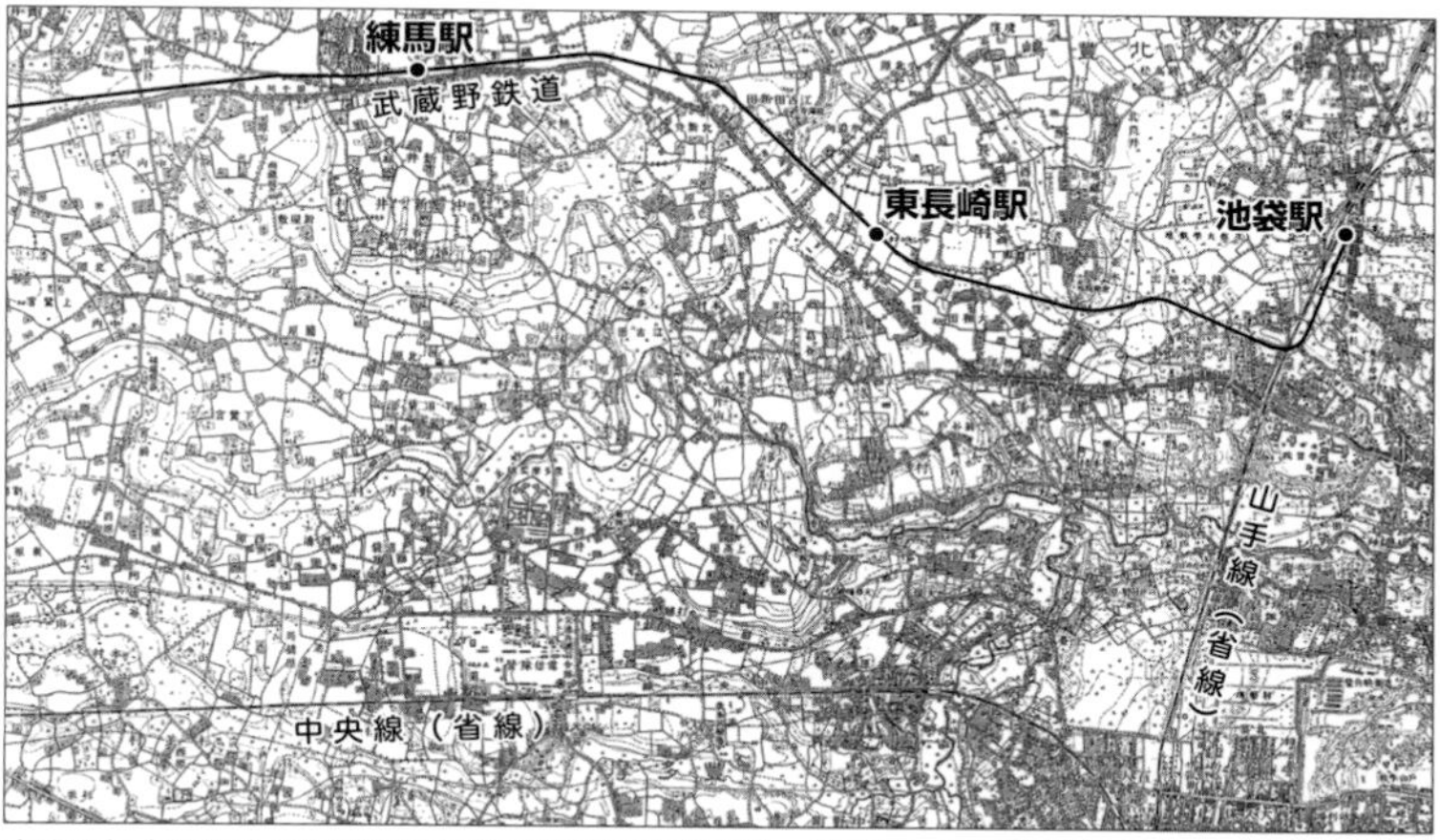

大正8年(1919)の地形図に武蔵野鉄道線を記入。所沢から直接都心に出られる武蔵野鉄道は、国分寺乗り換えを必要とした川越鉄道にとって脅威だった。「今昔マップ」に加筆。

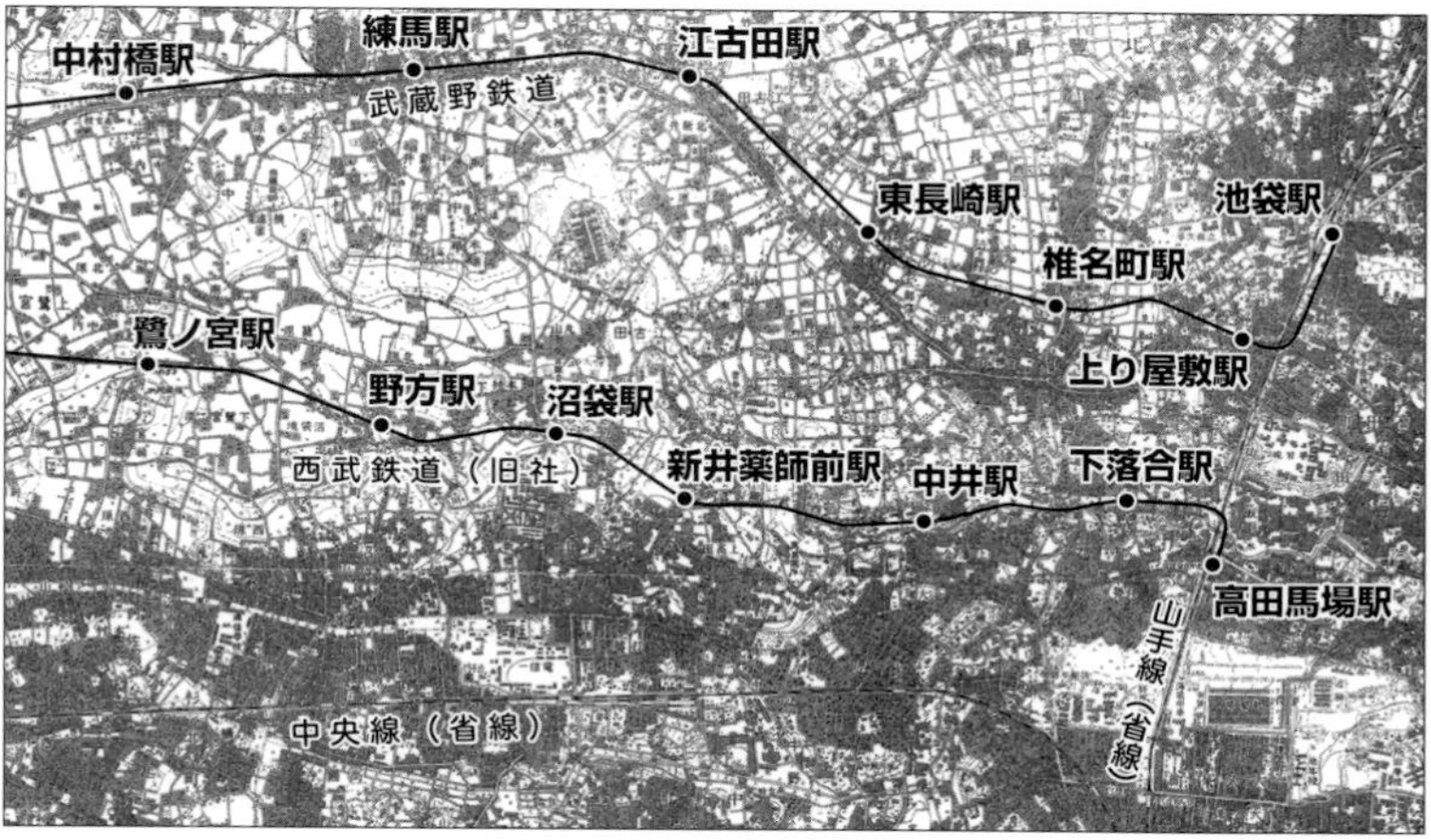

昭和4年(1929)の地形図に武蔵野鉄道線と西武鉄道(旧社)線を記入。川越鉄道の後身の西武鉄道(旧社)が高田馬場に乗り入れ、乗客の争奪が激化した。「今昔マップ」に加筆。

図して大正9年（1920）6月に川越鉄道を、翌年10月に西武軌道（のちの都電杉並線）を相次いで吸収合併。ところが当時の電力業界は合併の嵐が吹き荒れていた。武蔵水電は大正11年（1922）6月、帝国電燈（北関東を拠点とする関東有数の電力会社）に吸収されてしまう。鉄道部門は分離され、同年8月に西武鉄道に社名変更。本体の帝国電燈は、それから4年たらずの大正15年（1926）5月に東京電燈（関東最大の電力会社）に合併されて消滅。あっけないものである。

現在の西武新宿線の一部となる村山線（東村山～高田馬場《たかだのばば》）の開業は、昭和2年（1927）4月である。村山線は最初から電車運転を想定しており、神田川や妙正寺川《みょうしょうじがわ》の前後には30パーミルの急勾配が存在する。同時に既設の川越線のうち川越（現在の本川越）～東村山間の電化が完成し、高田馬場～川越間の直通運転が始まった。現在の西武新宿線の運行経路はこの時に始まる。

一方、武蔵野鉄道は、明治45年（1912）5月に飯能の実業家を中心に設立された会社である。大正4年（1915）4月に飯能～池袋間を一気に開業させている。

開通当初の武蔵野鉄道は蒸気機関車にかぎられており、そのため線路の勾配も11・6パーミル以内に抑えられた。最初から電車運転を意図した新宿線とは対照的な線形である。

武蔵野鉄道は、所沢駅を川越鉄道と共用している。先に建設された新宿線が一直線に当

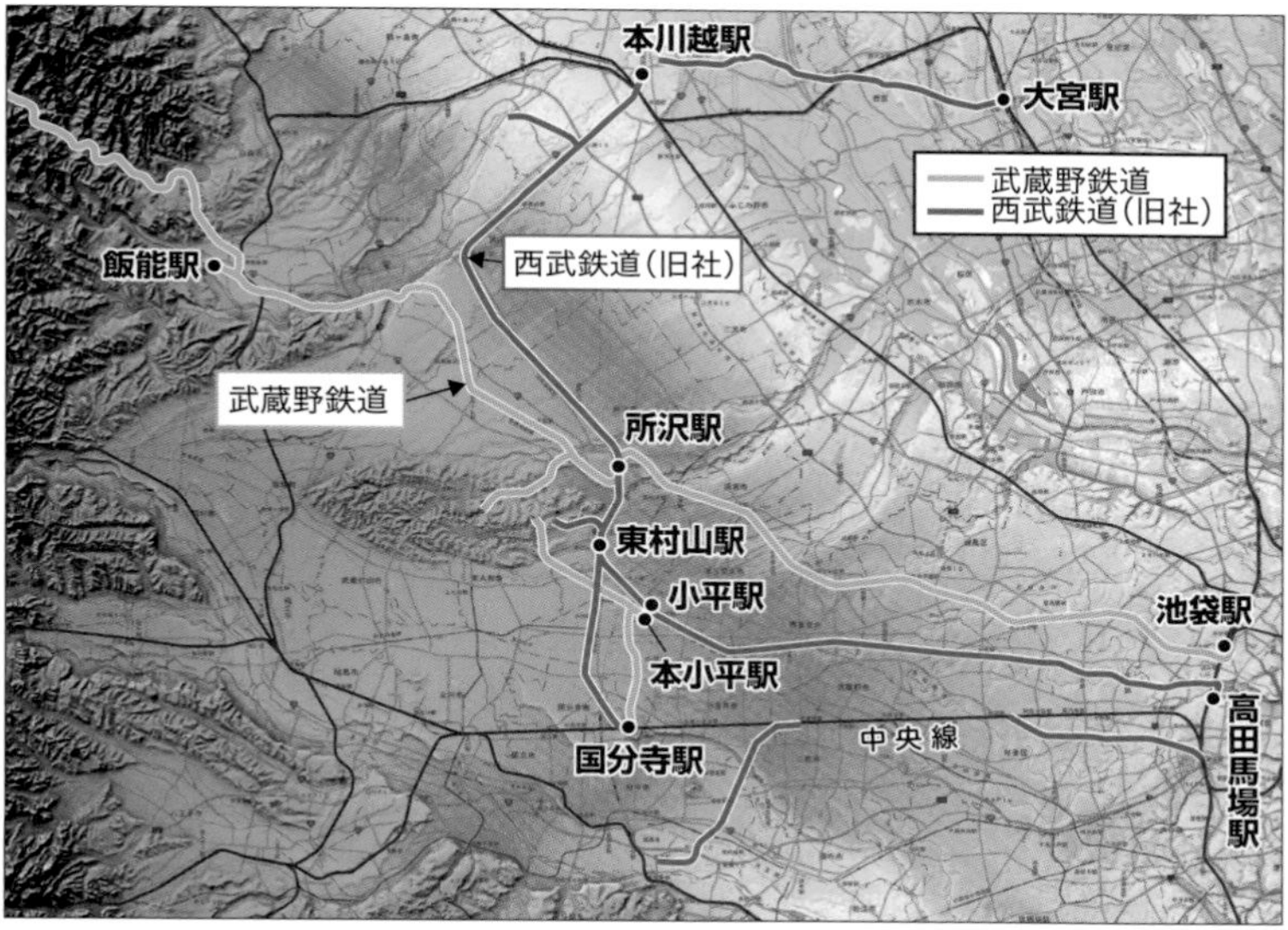

西武鉄道(旧社)と武蔵野鉄道が合併する前に敷設されていた路線を色分けしてみた。かつて別会社だったことを知れば、複雑な路線網も納得。

駅へ進入しているのに対し、新宿線に合わせるような形で建設された池袋線は急カーブで駅構内に進入する形になっている。当初の武蔵野鉄道のホームは、跨線橋を渡った先の不便な場所にあり、間借りする状態だった。川越鉄道の後継会社である西武鉄道(旧社)と武蔵野鉄道が合併するまで、所沢駅の業務は西武鉄道(旧社)が行っていた。

両社の対立を物語るものに、鉄道会社が発行した観光案内図がある。相手の路線をまったく掲載していないのだ。そのため、西武鉄道(旧社)発行の案内図を見ると所沢駅が西武鉄道の専用駅に見え、逆に武蔵野鉄道の案内図では所沢には武蔵野鉄道しか乗り入れていないことになっている。

なぜ不倶戴天だった両社が合併したのか。それは、箱根《はこね》土地（大戦中の昭和19年〔1944〕2月に国土計画興業《こくどけいかくこうぎょう》〔のちのコクド〕に商号変更）という不動産会社を経営した堤康次郎の存在抜きには語れない。堤は昭和7年（1932）1月、過大な設備投資や西武鉄道（旧社）との競争激化で経営不振に陥った武蔵野鉄道の経営陣に箱根土地の人材を送り込み、経営権を掌握。池袋開発に関心のあった根津嘉一郎《ねづかいちろう》（東武鉄道の経営で知られた実業家。武蔵野鉄道の大株主というだけでなく西武鉄道〔旧社〕の取締役でもあった）の影響を排除しながら経営再建を進め、昭和15年（1940）には株式の過半数を握るにいたった。

昭和15年（1940）1月、西武鉄道（旧社）が管轄していた所沢駅付近の武蔵野鉄道単線区間で列車の正面衝突という大事故が発生。西武鉄道（旧社）社員の失態ではないかとの風評も立ち、昭和18年（1943）には、今でいう敵対的買収により堤康次郎が西武鉄道（旧社）の社長に就任。事変下に成立した陸上交通事業調整法も追い風にはたらき、両社合併への道筋がつけられていく。農業生産会社の食糧増産（昭和19年〔1944〕6月に堤康次郎が設立）を加えた3社の合併が成立するのは終戦直後の昭和20年（1945）9月である。当初の社名は西武農業鉄道だったが、翌昭和21年（1946）11月に現在の西武鉄道に改称している。

西武新宿線と西武池袋線の複雑な線形は、両線の複雑な歴史を象徴していたのである。

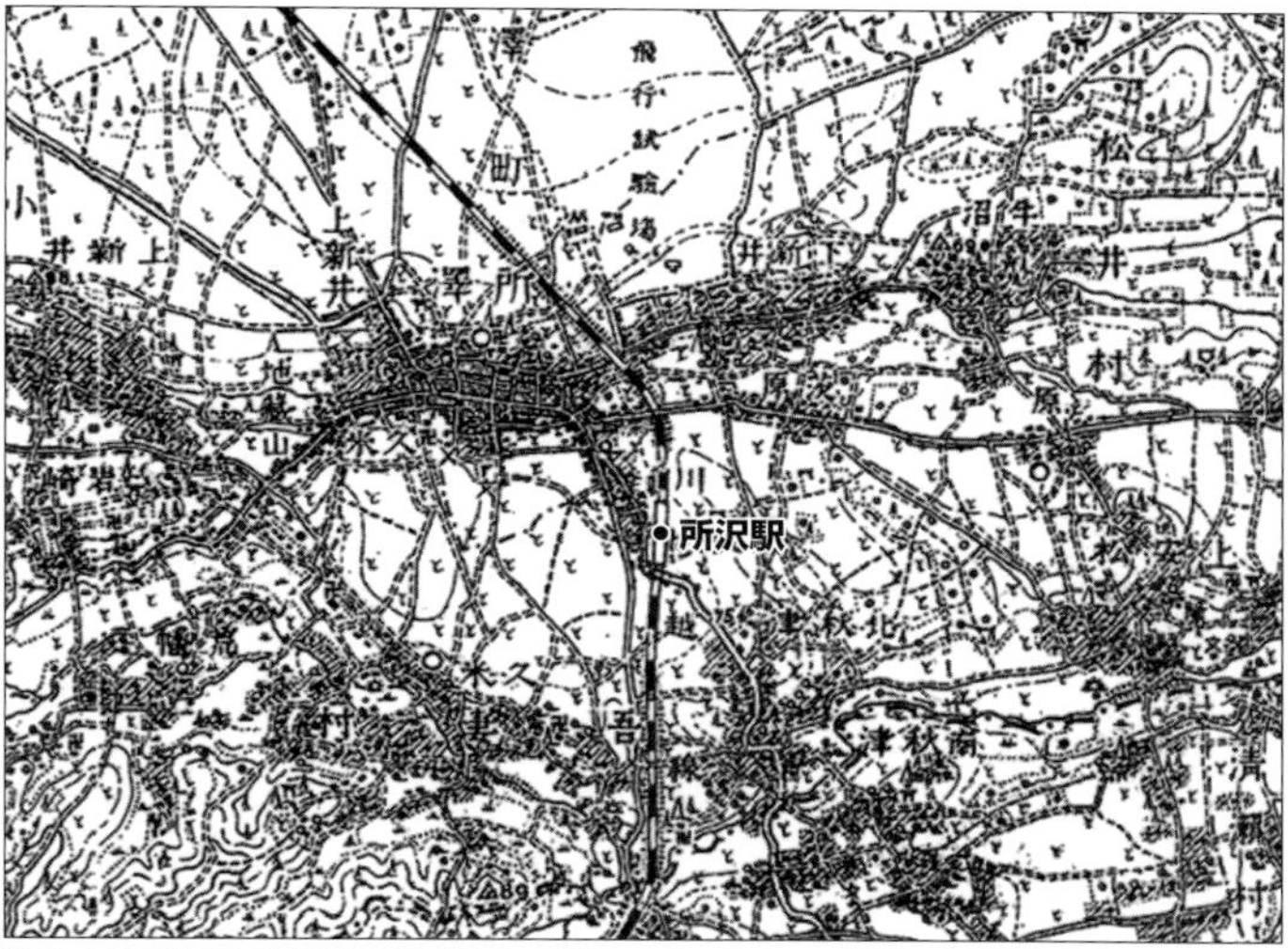

明治41年（1908）測図の地形図。所沢に乗り入れる鉄道は川越鉄道（現在の西武新宿線）のみである。「今昔マップ」に加筆。

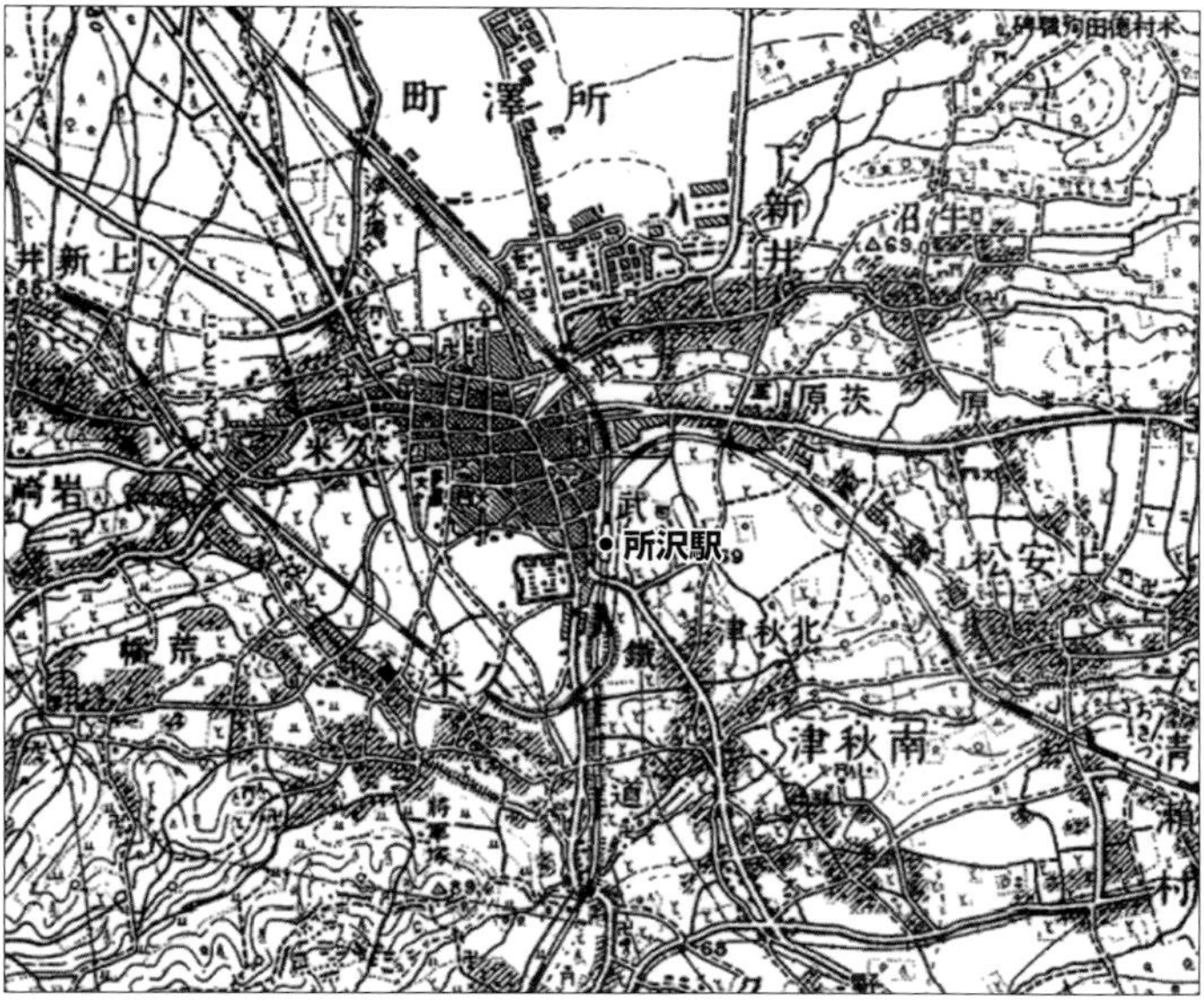

昭和20年（1945）修正の地形図。後発の武蔵野鉄道が、のたうつように所沢駅に乗り入れている。「今昔マップ」に加筆。

なぜ多摩湖周辺の西武線の線形は複雑怪奇なのか？

西武線の路線網の奇妙なところを集約したような場所が多摩湖周辺である。左の地図を見ても、なにがなにやらわからない。わずか半径5キロ圏内にこの鉄道の密度はどうであろう。しかも赤い線のすべてが西武鉄道の路線なのだ。

最初に開業したのは、現在の国分寺線である。川越鉄道の路線として明治27年（1894）までに国分寺～川越（現在の本川越）間が開通している。次いで開業したのは、川越鉄道の後身である西武鉄道（旧社）の村山線（東村山～高田馬場）で、昭和2年（1927）4月に開業している。ここまでは西武鉄道（旧社）の独舞台《ひとり》だった。

多摩湖《たまこ》こと村山貯水池《むらやまちょすいち》が完成したのは、昭和2年（1927）で、北隣の狭山湖《さやまこ》こと山口《やまぐち》貯水池が完成したのは昭和9年（1934）である。貯水が始まると、それまでの近郊になかった湖畔の美しい景観が生まれ、一躍観光地として脚光を浴びることになった。

この時期に開業したのが、社名に多摩湖を冠した多摩湖鉄道である。この鉄道は、「小平学園都市《こだいら》」への交通機関として計画されたのが始まりだった。

小平学園都市とは、堤康次郎が経営する箱根土地が小平村（現在の小平市）の約60万坪

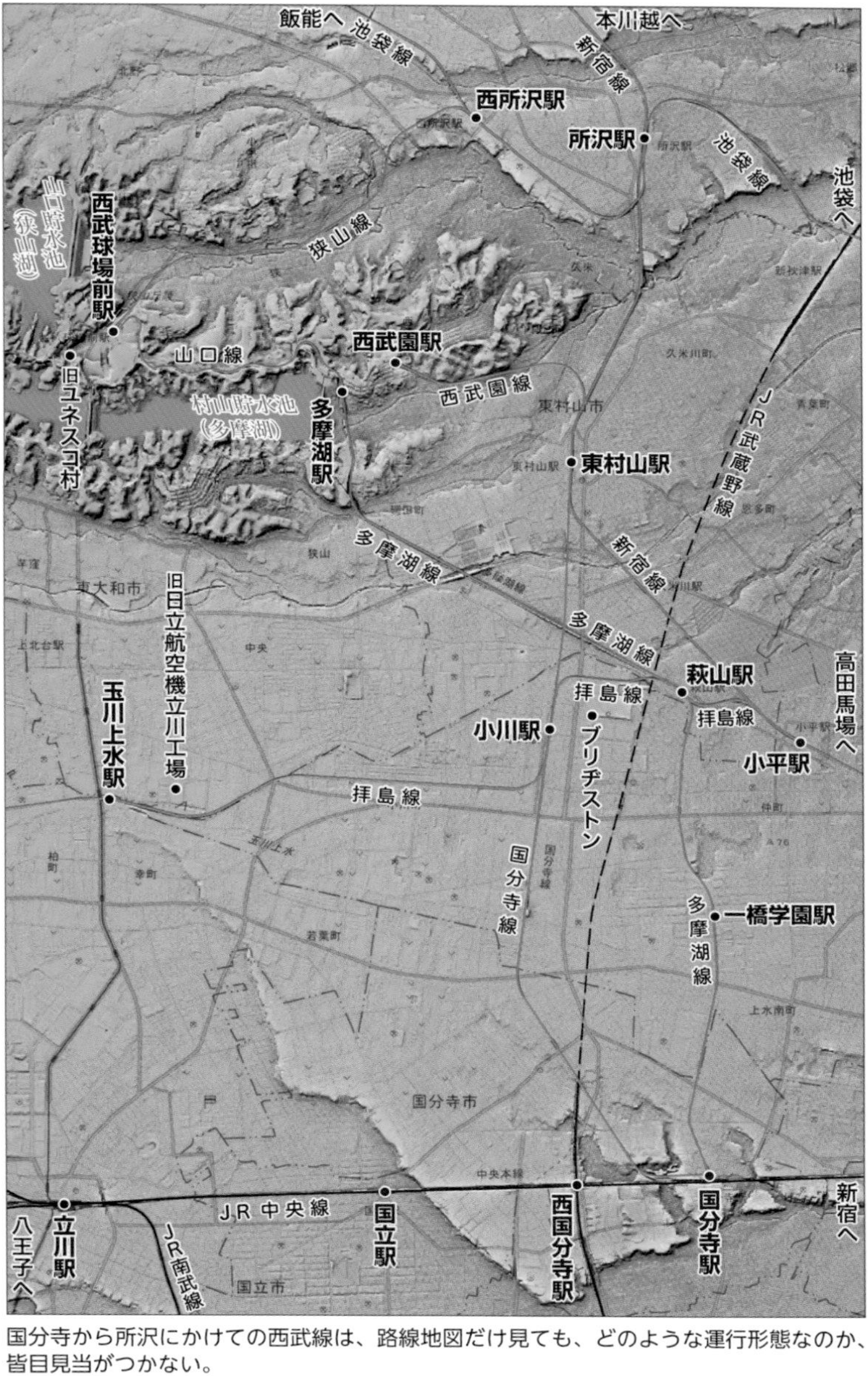

国分寺から所沢にかけての西武線は、路線地図だけ見ても、どのような運行形態なのか、皆目見当がつかない。

（約200万平米）の土地を買収して大正14年（1925）に売り出した分譲住宅地である。昭和3年（1928）1月には子会社の多摩湖鉄道を設立して、昭和3年（1928）4月に国分寺～萩山《はぎやま》間が開業している。鉄道省から西武鉄道（旧社）との連絡を指示されていたこともあり、西武鉄道（旧社）小平駅のそばまで支線を建設して同年11月に萩山～小平（ほどなく本小平《もとこだいら》と改称）間を開業している。

仁義なき3社の戦い

村山貯水池に一番乗りしたのは、意外にも武蔵野鉄道だった（この時点において堤康次郎は武蔵野鉄道の経営に参画していない）。昭和4年（1929）5月、西所沢～村山公園《むらやまこうえん》（昭和8年〔1933〕に村山貯水池際《むらやまちょすいちぎわ》駅と改称。戦後移設されて狭山湖《さやまこ》駅となり、現在はさらに移設されて西武球場前駅となる）間に、山口《やまぐち》線（現在の西武狭山線）を開業したのである。

ここに三《み》つ巴《どもえ》の戦いの火蓋が切られ、西武鉄道（旧社）が昭和5年（1930）4月に東村山～村山貯水池前《むらやまちょすいちまえ》というひと駅だけの支線（現在の西武西武園線）を建設。多摩湖鉄道は、昭和5年（1930）1月に村山貯水池手前約1キロ地点に村山貯水池の仮駅を開業。昭和11年（1936）12月には貯水池堰堤前への延伸を果たした。現在の西武国分寺線（もと西武鉄道〔旧社〕川越線）と西武多摩湖線（もと多摩湖鉄道線）の交差地点に乗り換えがまった

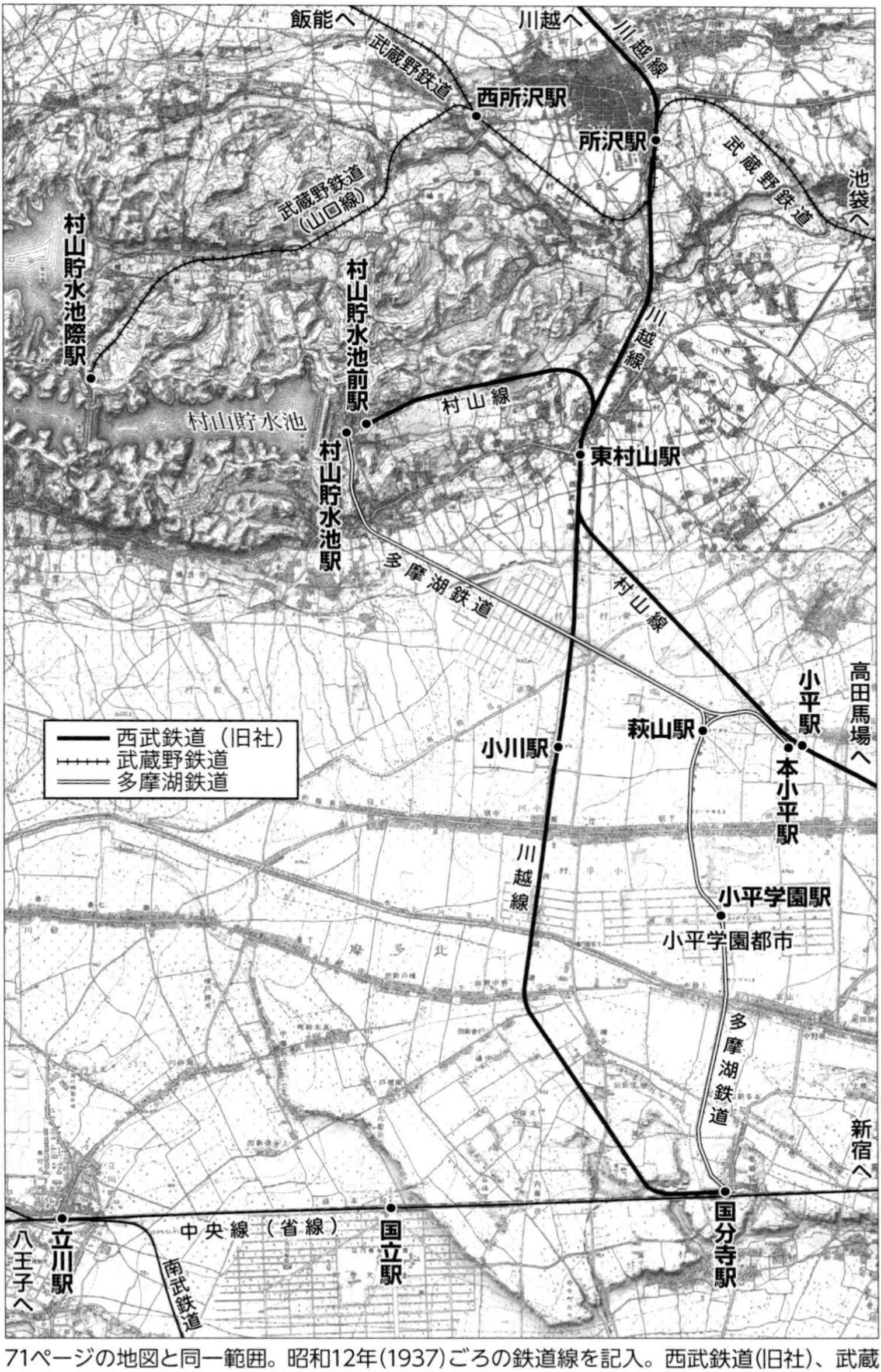

71ページの地図と同一範囲。昭和12年(1937)ごろの鉄道線を記入。西武鉄道(旧社)、武蔵野鉄道、多摩湖鉄道の3社が競うように村山貯水池に路線を延ばしていた。「今昔マップ」に加筆。

村山貯水池の水面に美しい影を落とす村山下第1取水塔（手前）と第2取水塔。第1取水塔は大正14年（1925）、第2取水塔は昭和48年（1973）の完成。

く考慮されていないこと（77ページ参照）、あるいは、「村山貯水池」「村山貯水池前」「村山貯水池際」という当時の酷似した駅名が、仁義なき3社の戦いを物語る。「多摩湖」「狭山湖」という愛称も、多摩湖鉄道が広めた（異説もある）とあって、他の2社は頑として使用しなかったという。

国防意識が強まった昭和16年（1941）春に「貯水池」の付いた駅名は揃って改称され、昭和19年（1844）には不要不急線として西武鉄道（旧社）村山線支線と武蔵野鉄道山口線が営業休止となった。

堤康次郎は昭和22年（1947）10月、修養団という法人が運営していた錬成道場「公民道場」（皇民道場を終戦後改称）の土地建物を買収し、昭和25年（1950）1月、

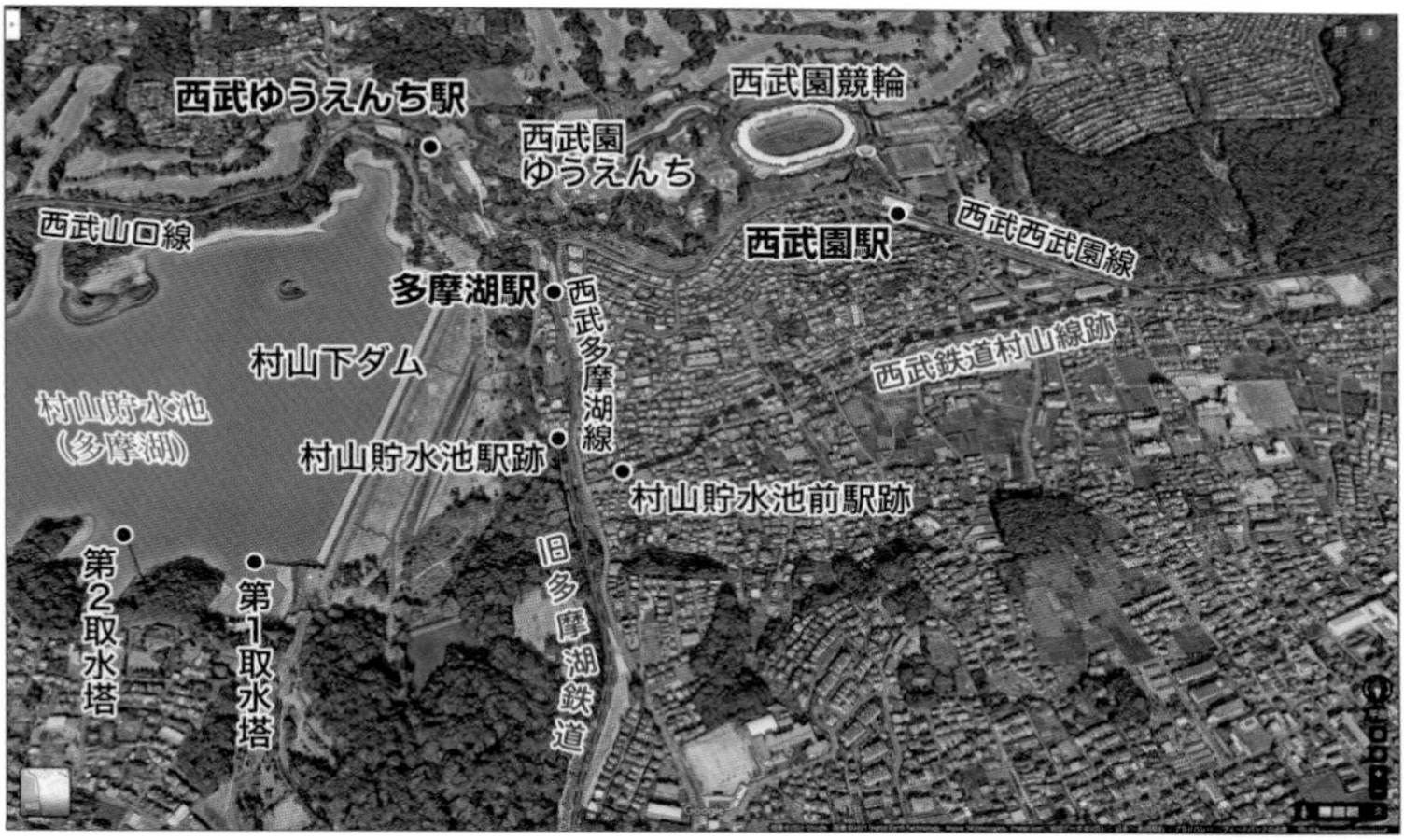

村山貯水池周辺の現況を3D画像に加筆。ダム湖堰堤のすぐそばまで住宅開発の波がおよんでいる。©2021 Google

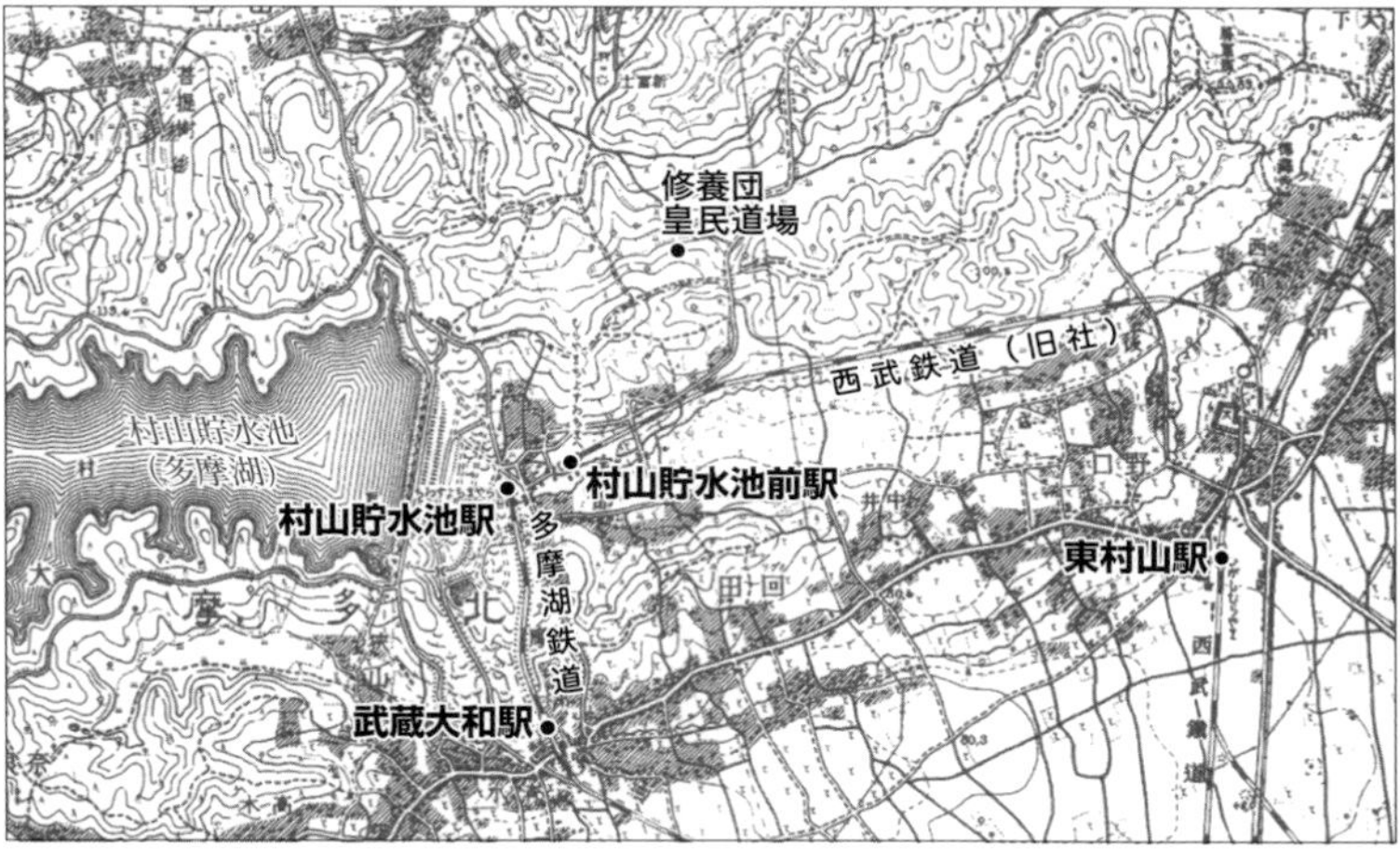

昭和12年（1937）修正の地形図に当時の駅名と線名を記入。堰堤直下に開設された「村山貯水池」「村山貯水池前」という酷似した駅名に、西武鉄道（旧社）と多摩湖鉄道のつばぜり合いが透けてみえる。修養団の皇民道場開設は、昭和15年（1940）。「今昔マップ」に加筆。

現在の西武園を開園。同年5月には、営業を再開していた村山線支線の途中から新線を建設して西武園駅を開業している。翌年9月には西武園の約3キロ西にもユネスコ村という遊園地を開園。10月には旧山口線を狭山線と改称し、営業を再開した。

多摩湖鉄道は、堤康次郎が経営権を握った武蔵野鉄道と昭和15年（1940）3月に合併して消滅した。西武多摩湖線は単線で地味なローカル線だが、鉄道と観光開発という昭和戦後期の西武グループを象徴する経営を生み出した「堤《つつみ》イズム」の原点ともいえる存在であることは特筆に値する。

西武拝島《はいじま》線のみは、観光とは無縁の特異な成り立ちで誕生している。まず、昭和3年（1928）に開業した多摩湖鉄道の本小平～萩山間があり、次いで上水線《じょうすい》（小川《おがわ》～玉川上水《たまがわじょうすい》）が昭和25年（1950）5月に開業。この路線は、西武鉄道（旧社）が戦時中に敷設した日立航空機立川工場の専用線を改修したものである。

昭和37年（1962）には、戦時中敷設された専用線（小川駅～陸軍兵器補給廠《ほきゅうしょう》）を改修した萩山～小川間を開業（昭和35年〔1960〕、補給廠跡地にブリヂストン東京工場が進出したことが契機）。このとき、小平～萩山間も上水線に組み入れられ、新宿～玉川上水間の直通運転を開始。昭和43年（1968）5月には玉川上水～拝島間に新線を建設し、小平～拝島間が拝島線に改称して一体運転を実施するようになった。

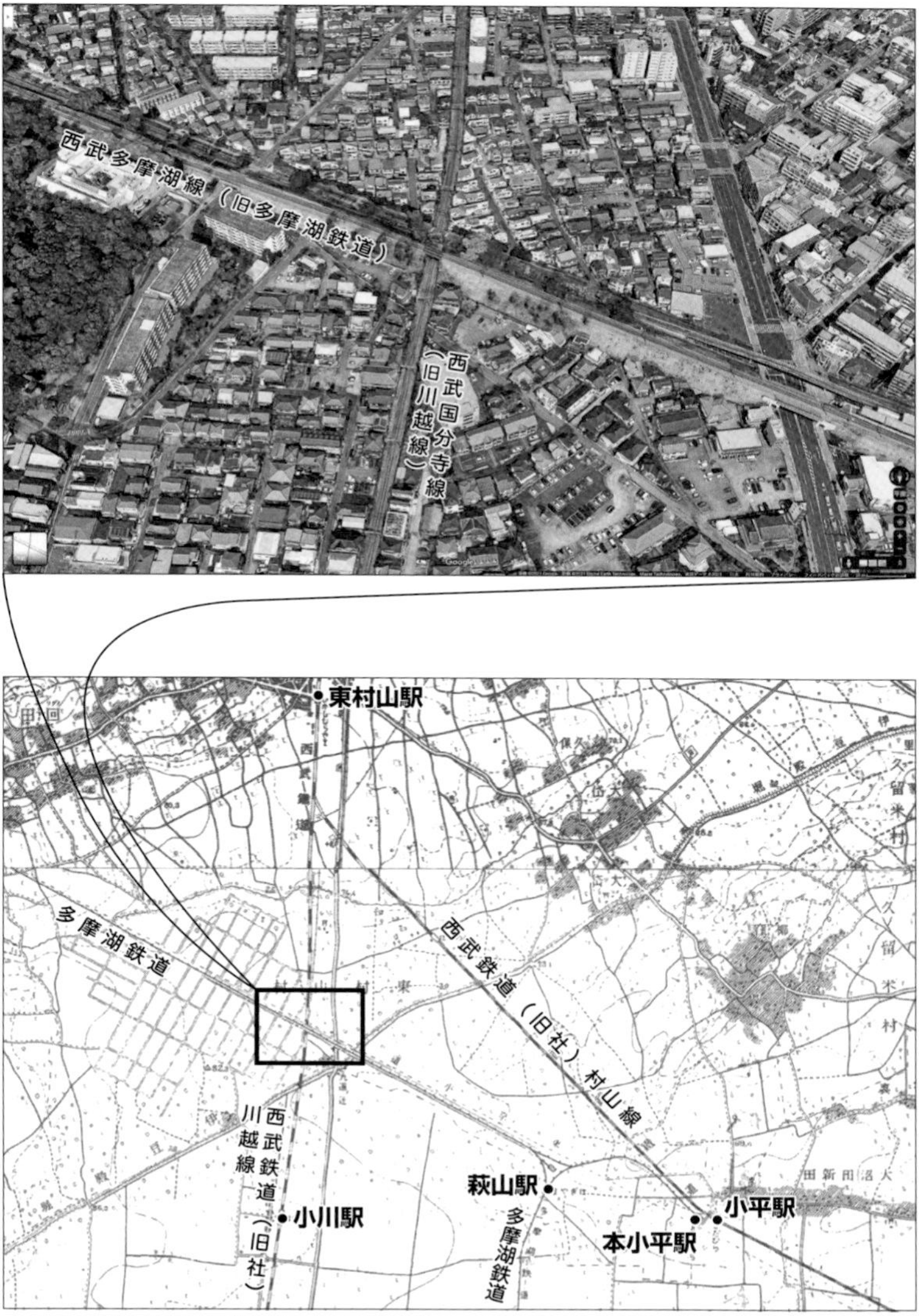

上の3D画像は旧多摩湖鉄道と旧西武鉄道の交差地点。後から建設された西武多摩湖線が西武国分寺線を跨いでいるが、接続設備はまったくない。©2021 Google
下は昭和12年(1937)修正の地形図に旧多摩湖鉄道と旧西武鉄道の交差地点付近の当時の駅名と線名を記入。「今昔マップ」に加筆。

なぜ大井町付近の鉄道は錯綜しているのか？

左ページの3D画像を見て、ひと目で路線の内容と行き先を言い当てたあなたは、まちがいなく鉄道の達人である。東西南北どころか四方八方に線路が拡散している。しかもJR、私鉄、第三セクターとなんでもありだ。このあたりの線路ほどゴチャゴチャしている地域も珍しいが、その理由を知るためには、もつれた糸を解きほぐすように、線路が敷設された歴史をひとつひとつ順番にたどるほかない。

最初に敷設されたのは、品川から南に延びる線路だ。明治5年（1872）に開通した東海道本線である。大正3年（1914）に東海道本線の列車線（列車運行上の「東海道線」）に並行して電車線の京浜線（現在の京浜東北線）の線路が敷設され、複々線になった。

次いで敷設された線路は、品川から目黒方向に延びる山手線である。この区間は私設鉄道の日本鉄道が明治18年（1885）に建設し、当初は品川線（品川〜赤羽）と称した。

三番目に敷設された路線が、山手線と東海道本線の線路を直結する線路である（87ページ右の地図の①の路線）。この路線建設にはいわくがあった。きっかけが戦争だったのである。

明治27年（1894）8月に日清戦争が勃発。兵員や軍馬、兵器や物資を一刻も早く戦

東京総合車両センターを中心に、JR、私鉄その他さまざまな路線が入り乱れる大井町周辺。丸数字は線路が敷設された順番。©2021 Google

地の朝鮮半島に輸送する必要を生じた。しかし国内の鉄道幹線は整備途上で、東日本と西日本を結ぶ鉄道は現在の東海道本線しか存在しなかった。戦地に兵員や物資を輸送する陸軍の軍港（宇《う》品《じな》築港《ちっこう》）のあった広島まで鉄道が到達したのは、日清戦争開戦のわずかひと月あまり前の6月10日という間一髪のタイミングだった。日清戦争の開戦時期すら、鉄道の広島乗り入れを待っていたのではと思われるほどである。

こういう状況だったから、東北・信越方面の兵員は、東京市内を経由して西日本に向かうほかなかった。当時は上野と新橋を結ぶ鉄道が未開通（東京駅も存在しない）だったから、赤羽から新宿・品川経由で西日本に向かうしかない。

ところが山手線（当時は品川線という名称で、品川～赤羽）の線路は新橋方面に乗り入れるように敷設されていた。そのため、一度新橋まで乗り入れ、機関車を付け替えて折り返して横浜方面に向かうほかなかった。戦争が始まり、必要に迫られた軍部は、折り返し時間の短縮を図るため、新橋を経由せずに直接山手線から東海道本線へ乗り入れる路線を突貫工事で建設したのだ。

この短絡線は、明治34年（1901）8月に営業線（山手線支線）に組み入れられた。それに先立つ同年3月には官鉄線上に大井《おおい》連絡所が開設され、大正3年（1914）12月、東京駅開業と同時の京浜線（東京～高島町《たかしまちょう》。現在の京浜東北線の一部）電車運行開始時に大井《おおい》町《まち》駅へと昇格する。

この短絡線は、鉄道院の大井工場が開設された翌年の大正5年（1916）4月、営業線としては廃止されたが、その後も位置を変えて残されたようだ。この線路が完全に姿を消すのは、大崎電車区に2階建ての車両基地が建設された昭和42年（1967）の少し前である。

短絡線の次に開業したのが、京浜電気鉄道（現在の京急本線）で、明治37年（1904）5月に川崎～品川間が開業している。大井町付近の鉄道ではいちばん東側、旧東海道沿いに線路が敷設された。

剝き出しの崖に敷設した大井町線

このエリアの中央に鎮座するのが、東京総合車両センターである。かつての呼び名、国鉄大井工場といった方がわかりやすいかもしれない。大井工場は、汐留《しおどめ》にあった新橋工場を移転した施設だった。

愛知県犬山《いぬやま》市の博物館明治村《めいじむら》には、明治5年（1872）築の「鉄道寮新橋工場」と明治22年（1889）築の「鉄道局新橋工場」という建物が移築保存されているが、これの建物は大正5年（1916）の大井工場移築を経て、明治村に移されたのである（「鉄道寮」も「鉄道局」も鉄道事業を所管する建設当時の官庁名）。

鉄道工場が新橋から大井に移転した理由は、新橋工場が手狭になったことが第一だが、大正初期というタイミングは、新橋（汐留）に代わる中心停車場としての東京駅の開業が大いに影響した。

鉄道創業当時、東京側の起点は新橋停車場だった。車両の修繕工場（当初は機関車修復所という名称。器械場を経て、明治15年〔1882〕に新橋工場と改称）はじめ、機関車の基地である機関車庫や客車庫、貨客の操車場、さらには御雇《おやとい》外国人の官舎といった鉄道関連施設はすべて新橋停車場構内に設けられた。

明治半ば、帝都の表玄関にふさわしい中央停車場設置をという機運が盛り上がり、大正3年（1914）12月に東京駅が開業。それまでの新橋停車場は汐留と名を変え、貨物専用駅になった。

旧新橋停車場にあった施設のうち、列車や機関車の操車場は東京駅構内に移転し、貨車の操車場は品川駅地先を埋め立てて用地を造成することにした。そして新橋工場の移転先として白羽の矢が立ったのが、山手線の短絡線付近の土地だった。ここは水田や沼沢が広がる低湿地で、人家もほとんどなかった。

着工は明治43年（1910）。荏原《えばら》郡品川町《まち》と大井町《まち》（現在は品川区内）の8万9000坪（約29万4000平米）の広大な土地を整地して建てられた。北半分は湿地と沼地、南半分は丘陵地だった。南側の高台は、蔵王権現《ざおうごんげん》が祀られていたことに因み、権現台《ごんげんだい》と呼ばれていた（蔵王権現社は大井1丁目に遷座され、大井蔵王権現神社として現存）。

比高5〜6メートルあった丘を切り崩した土砂は、予定地北側の低地部分の整地に用いられただけでなく、品川駅構内大拡張する埋め立て工事に使われた。大井工場開設と品川駅拡張が同時期なのは、東京駅開設にともなう新橋からの移転だったのに加えて、大井工場の整地で生じた土砂を品川駅の埋め立てに用いたことが理由である。

大正2年（1913）には建物が一部完成して「新橋工場大井派出所」を名乗り、大正

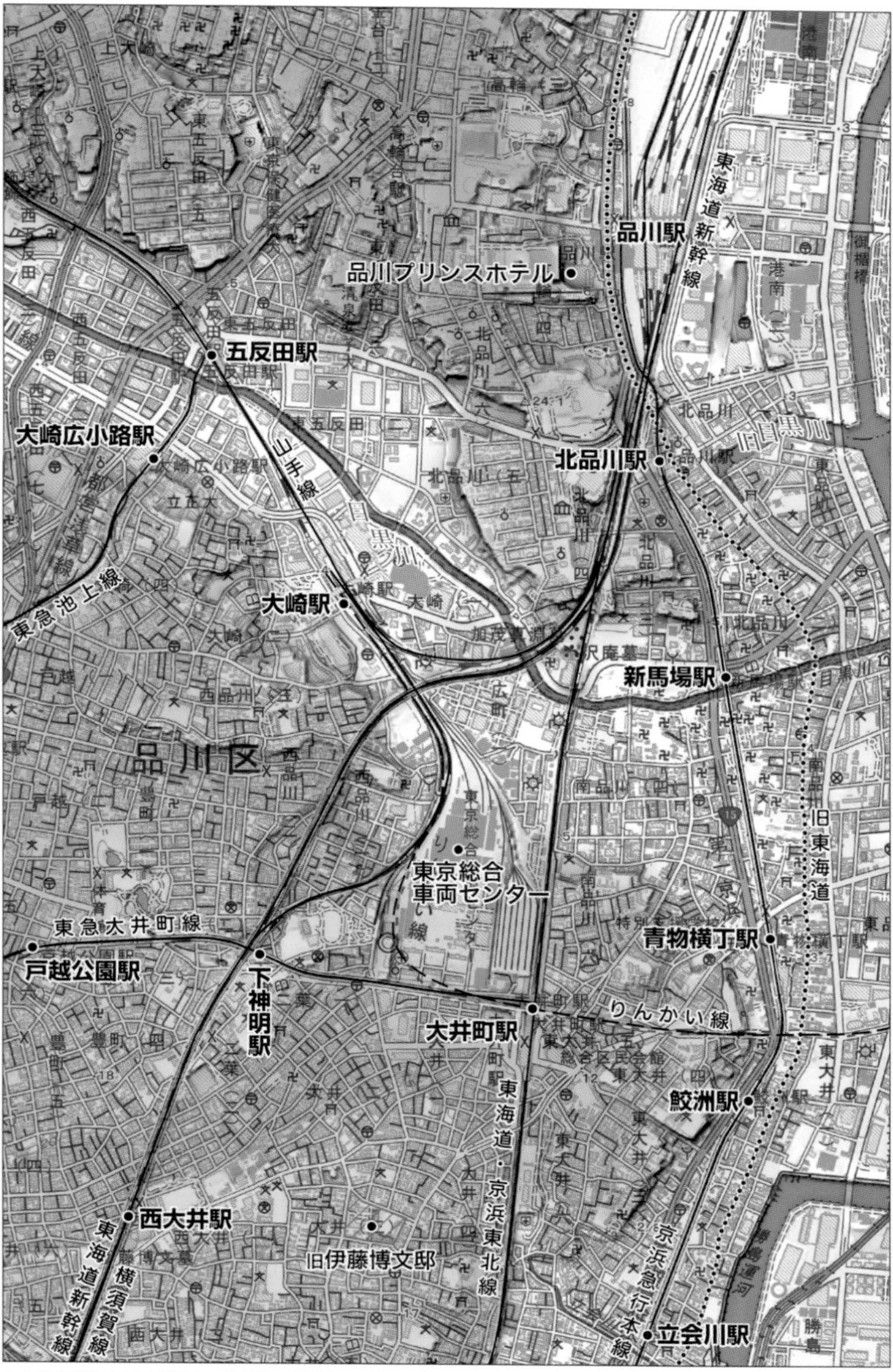

大井町周辺の地形は、海岸の低地と丘陵が明確に分かれ、目黒川が深い谷を刻んでいた。東京総合車両センターの地盤が周囲より低いのは、丘を切り崩して整地したためである。

4年（1915）7月に大井工場として独立している。創業当時の唯一の建築が、京浜東北線の線路際に残る煉瓦造の旧大井町変電所（現在はJR東日本運輸サービス山手事業所が使用）である。

昭和に入って最初に開通したのが、東急大井町線である。昭和2年（1927）の開業当時は大岡山《おおおかやま》止まりで、昭和4年（1929）11月に二子玉川《ふたこたまがわ》まで全通している。開業当時は東急の前身にあたる目黒蒲田《めぐろかまた》電鉄が運営していた。

大井工場の南側は、建設時に削り取ったままの状態で、崖が剝き出しだった。この崖際の842坪（約2780平米）の用地を鉄道省から買収して大井町線の高架線路と大井町駅を敷設したのである。

大井町線用地となった鉄道省大井工場南側の崖際には、工場長以下幹部職員の官舎が9棟あった。官舎の移転先となったのがもとの伊藤博文私邸で、大井山中町《おおいやまなかちょう》（現在の品川区大井3丁目）にあった。

伊藤博文は、明治40年（1907）に明治天皇から下賜された赤坂仮皇居の御会食所《ごかいしょくじょ》（憲法案を審議した御前会議を開催した御殿）の移築用地としておよそ5000坪（約1万6500平米）の土地を確保。翌年建物は移築され、恩賜館《おんしかん》と命名。伊藤博文暗殺後の大正6年（1917）、嗣子が明治神宮に献納。翌年建物は明治神宮外苑に再移築され、憲法記念館となった。現在の明治記念館である。

大井工場の官舎が建てられたのは、恩賜館が移築されて更地となった広大な伊藤邸の西側部分約２０００坪（約６６００平米）である。敷地には大小20棟以上の戸建が新築されたが、昭和40年（１９６５）ごろ、３棟の高層アパートに建て直された。現在は、マンション形式の社宅と分譲マンションに建て替えられている。

和館・洋館を備えた東側の私邸部分（約３０００坪（約９９００平米））は、大正11年（１９２２）に旧米沢《よねざわ》藩主の上杉憲章伯爵《うえすぎのりあきはくしゃく》邸になった。昭和15年（１９４０）３月に日本光学工《にっぽんこうがくこう》業《ぎょう》（現在のニコン）が土地建物を買収（上杉家は昭和19年（１９４４）に山形県米沢市に疎開するまでそのまま居住した模様）。その後は家族寮に充てられたが、昭和30年（１９５５）１月に光友《こうゆう》倶楽部《くらぶ》（社員クラブ）として改修され、周囲にテニスコートや相撲場などが新設された。昭和45年（１９７０）には立派な体育館も建てられている。敷地の建物は平成10年（１９９８）に解体され、伊藤博文ゆかりの建物の一部が山口県萩市に無償譲渡。跡地はマンションになった。

新橋より早く開業した駅

品川停車場は新橋よりも早い明治5年（１８７２）5月7日に仮営業を開始した。東京で最も早く開業した駅ということになる。当時の停車場は、品川台場築造の土取場の土砂を積み込む埠頭があった八《や》ツ山橋《やまばし》付近だった。

明治9年（1876）12月の複線化で跨線橋と相対式ホームが設けられ、明治18年（1885）には日本鉄道品川線（現在の山手線）が乗り入れる。明治30年代に構内が北側に拡張され、明治35年（1902）11月、駅舎は300メートル北の旧長州藩主毛利公爵《もうりこうしゃく》邸（現在の品川プリンスホテル）前に移転した。くしくも毛利家が明治5年（1872）に洋館を建築した際、工事責任者に指名されたのが日本の鉄道の父である井上勝（元長州藩士）という縁もあった。

明治42年（1909）12月に山手線の電車運転が始まると、品川停車場構内に新宿電車庫派出の車両基地が設置され、翌年6月品川電車庫に昇格する。

大井工場と深い関係で結ばれたのが、明治44年（1911）6月に始まる海面埋め立てだ。工場用地の権現台を削った土砂を運搬して埋め立てたのである。

埋め立ては大正3年（1914）に完了。総面積は約13万坪（約43万平米）に広がった。東京駅開業と同じ大正3年（1914）12月、一部改築した品川駅舎がお目見えし、大正5年（1916）には操車場が完成している。貨物だけでなく客車200両が留置できる大規模な施設だった。貨車の操車能力は1日1600両だったが、大正15年（1926）には2800両まで増加し、早くも許容量を超えつつあった。当時の貨物輸送の旺盛な需

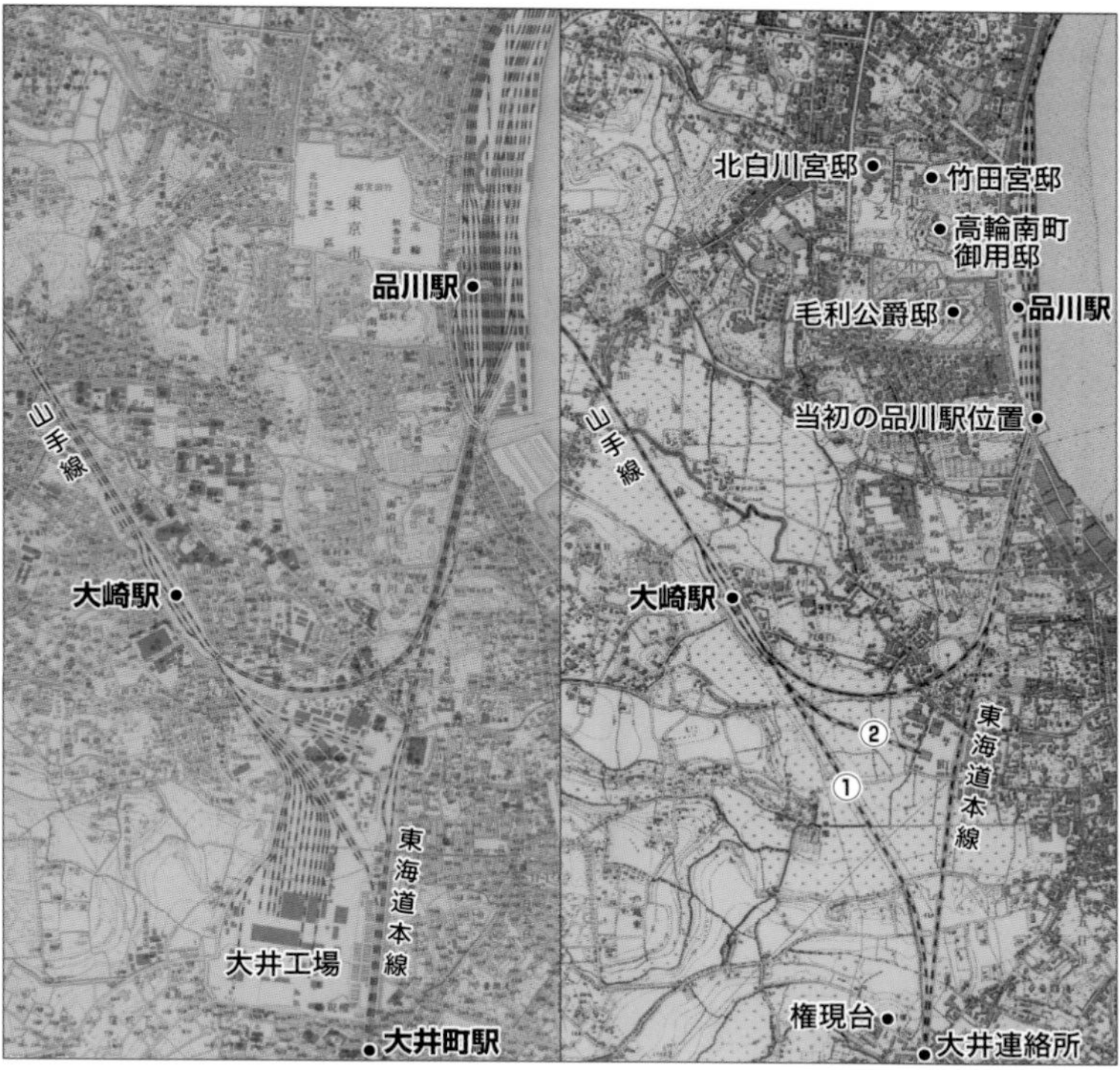

古い地形図に刻まれた鉄道線の変遷。右は明治42年（1909）測図の地形図に加筆。①が日清戦争中に敷設され、のちに営業線になった短絡線。②は品川火力発電所の専用線。おそらく石炭搬入用であろう。この発電所は、関東大震災で全壊するまで稼働していた。左は大井工場が開設されてしばらく経った大正10年（1921）測図の地形図。大井連絡所が大井町駅に昇格している。いずれも「東京時層地図」に加筆。

要を物語っている。

昭和12年（1937）2月の新鶴見《しんつるみ》操車場（川崎市にあった当時日本一の規模を誇った操車場）の拡張工事完成と同時に貨車を扱う操車場の機能は全面的に新鶴見に移り、その年10月から跡地を客車区と電車区に改修する工事が始まる。昭和17年（1942）10月から東京検車区が品川に移転し、品川検車区となった。同年11月には、東京駅のホーム増設により、東京機関区も品川に完全移設されている。こうして品川一帯には、品川機関区（貨物用機関車）、東京機関区（旅客用機関車）、品川電車区（山手線）、田町電車区（横須賀線ほか）、品川検車区（客車）という五つの車両基地が集中することになった。

昭和19年（1944）には東西を横断する地下通路を延長して東口が開業。戦後の昭和28年（1953）には今も姿をとどめる鉄筋コンクリート2階建ての品川駅舎が完成した。

幻の京浜線電車急行線計画

昭和4年（1929）8月には、新鶴見操車場に入る貨物線として、品川と鶴見を結ぶ東海道本線の貨物新線（通称品鶴《ひんかく》線）が開通（79ページに「横須賀線」と表記されている線）。昭和9年（1934）12月には大崎方面から品鶴線に直結する線路（79ページに「湘南新宿ライン」と表記されている線）が増設された。その後、大陸で事変が勃発すると、終戦まで品鶴線を経由する軍需輸送の列車が多数運転されている。

山手貨物線（山手線は大正14年〔1925〕までに複々線化され、勾配の緩やかな従来の線路を貨物線として使用）との分岐点には目黒川信号場、大崎方面の線と品川方面の線の合流点には蛇窪《へびくぼ》信号場が開設された（いずれも昭和40年〔1965〕に大崎駅構内扱いとなって廃止）。昭和

39年（1964）には品鶴線の用地に高架橋を建設し、東海道新幹線がこの地を通るようになった。

貨物線として建設された品鶴線だが、東海道本線を通る列車本数が限界に達していたため、昭和55年（1980）には、横須賀線が品鶴線経由となる。さらに平成13年（2001）からは、湘南新宿ラインが品鶴線・山手貨物線（鶴見〜田端）を通って運転を開始した。

昭和12年（1937）には京浜線（現在の京浜東北線）電車の急行線（東京〜品川間。新橋駅のみ停車。横須賀線列車も乗り入れ予定）増設工事に着手していたが、事変下で計画は中止。東海道線と横須賀線の分離運転構想も潰えてしまう。急行線の工事中断により、京浜線の急行用と横須賀線用に新設された品川駅の第5・第6乗降場（現在の9〜12番線ホーム）4線分が浮いてしまう格好になった。

結果としてこのホームは、出征列車などの軍用ホームとなり、終戦後は博多や南風崎《はえのさき》（長崎県）、あるいは舞鶴《まいづる》発の復員・引揚列車の到着ホームとして使われた。その後の臨時ホームは、修学旅行や宗教団体の臨時列車の発着に使用。昭和35年（1960）末から昭和50年（1975）末まで、正月・お盆時期の東北方面の帰省列車のホームとしても使われた。平成27年（2015）3月の上野東京ラインの品川乗り入れ後は、上野東京ライン（常磐線）と東海道線（下り）用ホームとして使用されている。

なぜ武蔵小杉に鉄道が集中するのか？

最近、川崎の副都心として発展著しい武蔵小杉《こすぎ》。忽然と屹立するタワーマンションは、多摩川対岸の二子玉川《ふたこたまがわ》付近はもとより、10キロ近く下流の川崎駅付近からでもはっきり判別できる。

武蔵小杉が栄えた理由は、多分に偶然の産物である。まずは96ページ上の地図をご覧いただこう。このあたりにまったく鉄道がなかった明治39年（1906）測図の地形図である。そもそも武蔵小杉の「小杉」とは、江戸と平塚《ひらつか》を結ぶ中原《なかはら》街道の宿場だった。この付近では矢口《やぐち》・平間《ひらま》・丸子《まるこ》に渡し場が設けられていたが、最も栄えていたのが中原街道の丸子の渡しだった。

現在の武蔵小杉駅は旧小杉宿の南東約1キロ、多摩川旧河道上にある。96ページ上の地図だと、「C」に似た形で表示されているのが旧河道だ。当時はこの河道上に東京府と神奈川県の境界があった。対岸飛地を解消して府県界が多摩川の中央に変更されるのは、明治45年（1912）4月に施行された「東京府神奈川県境界変更ニ関スル法律」による。

令和元年（2019）10月の台風19号による水害で、JR横須賀線の武蔵小杉駅や一部

多摩川対岸の多摩川浅間神社から武蔵小杉のタワーマンション群を撮影。平成21年(2009)には、203mの高さを誇る59階建てのマンションが建設された(中央のひときわ高いビル)。手前の丸子橋は平成12年(2000)に架け替えられた2代目。

のタワーマンションに被害がおよんだことは記憶に新しい。広範囲の浸水が発生したのは旧河道の低地である。

もし新鶴見操車場がなければ…

武蔵小杉の飛躍の原点となったのは、新鶴見《しんつるみ》操車場(現在は新鶴見信号場。操車場閉鎖後、大半が再開発された)の誕生だった。新鶴見操車場が現在地に立地しなければ、武蔵小杉駅付近の鉄道集中もなく、その後の発展はなかった。

鉄道省が操車場の新設計画を打ち出したのは、大正14年(1925)である。操車場の予定地は、日吉村《ひよしむら》大字鹿島田《かしまだ》と小倉《おぐら》だった。東海道本線に近く、地盤が堅いというのがその理由らしい。むろん農地(水田)で用地取得が容易だったことも大きかった。地元の反対は根強かったが、将来の駅設置を約することで買収が進み、昭和4年（1929）8月、全長約5・2キロ、面積約24万坪（約80万平米）という、東洋一の規模を誇る新鶴見操車場が開場。新鶴見操車場に連絡する貨物新線（通称品鶴線《ひんかく》）も同時に開通している。操車場を南北方向に設置したため、品鶴線は武蔵小杉付近で半径500メートルの急曲線を描く線形となった。品鶴線用地を利用して高架橋を建設した東海道新幹線も、半径550メートルの急曲線となっている。都心部を除けば最少の曲線半径である。

新鶴見操車場の建設は、昭和2年（1927）に開業した南武鉄道《なんぶ》（現在の南武線）の経路にも影響を及ぼした。当初南武鉄道が予定していたのは、二ヶ領用水《にかりょう》や府中街道《ふちゅう》（現在の国道409号）に沿った経路だった（96ページ下の地図）。ところが新鶴見操車場建設のため、鹿島田〜武蔵中原間は、品鶴線と並走し、武蔵小杉で半径480メートルの急曲線を描いて西に折れる現在の線形となった。

横浜正金《しょうきん》銀行（戦後、東京銀行となり、平成8年〔1996〕に三菱銀行と合併）の丸子倶楽部《くらぶ》と第一生命のグラウンドが新設されたのもこの時期である。東横線と南武鉄道が開通し、交通至便で地価が安かったことからいち早く土地取得に動いた結果だろう。南武鉄道開業からまもない昭和2年（1927）11月にはグラウンド前駅が開設されている。

やがて沿線には、日本電気や三菱重工業といった工場が進出し、昭和14年（1939）

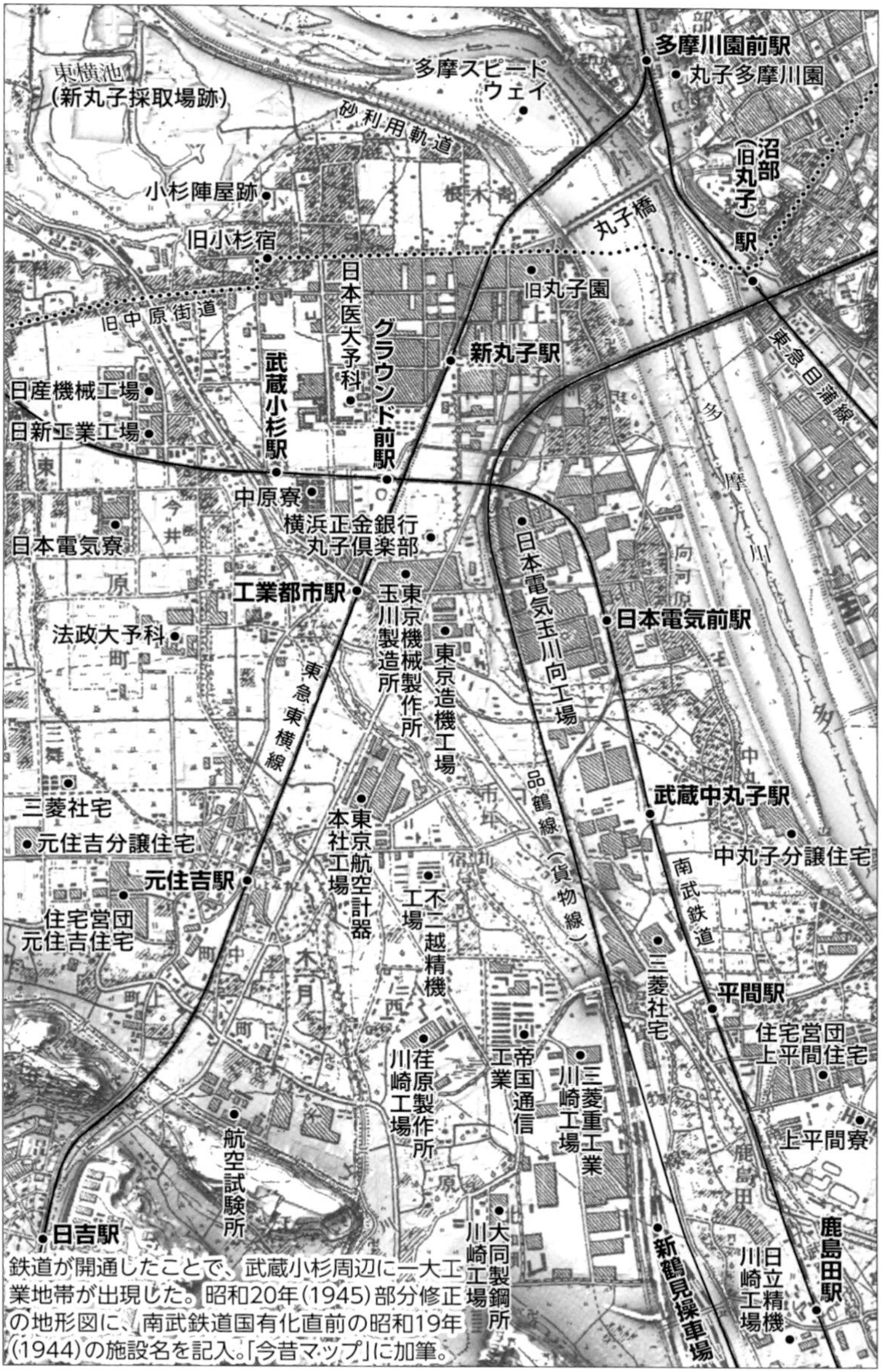

鉄道が開通したことで、武蔵小杉周辺に一大工業地帯が出現した。昭和20年（1945）部分修正の地形図に、南武鉄道国有化直前の昭和19年（1944）の施設名を記入。「今昔マップ」に加筆。

12月には東横線に工業都市《こうぎょうとし》なる駅が開設（93ページの地図）。住宅開発も始まり、沿線人口は急増。昭和12年（1937）以降の事変期には南武鉄道の乗降客が激増し、昭和14年（1939）までに川崎～武蔵溝《みぞ》ノ口《くち》間が複線化された。

南武鉄道は、京浜地区の港湾施設と立川陸軍飛行場などを結ぶ軍需輸送に活用され、大戦中の昭和19年（1944）4月に国有化されている。国有化と同時に東横線と交わるグラウンド前駅が武蔵小杉駅となり、もとの武蔵小杉駅は廃止された（97ページ上の地図）。

武蔵小杉といえば、30年以上前に見た光景が忘れられない。当時私は武蔵小杉にあった東京銀行丸子倶楽部で草野球の試合をしていた。駅裏の一等地がグラウンドだった。外野の守備につくと、ぽっかりと大きな空が浮かんでいた。目の前に武蔵小杉駅と行き交う列車が見えたが、信じられないくらいののどかさだった。世はバブル直前だったが、当時の銀行というのはつくづく余裕があったものだと思う（97ページ下の地図）。

やがてバブルは崩壊し、東京銀行が三菱銀行と合併したのは平成8年（1996）4月。平成13年（2001）の空中写真を見ると、土のグラウンドは消えて駐車場らしき用途に変わっている。そして平成16年（2004）2月、丸子倶楽部の土地は売却された。時代の変わり目だったのだろう。武蔵小杉にタワーマンションの建設が始まるのはそれからまもなくである。

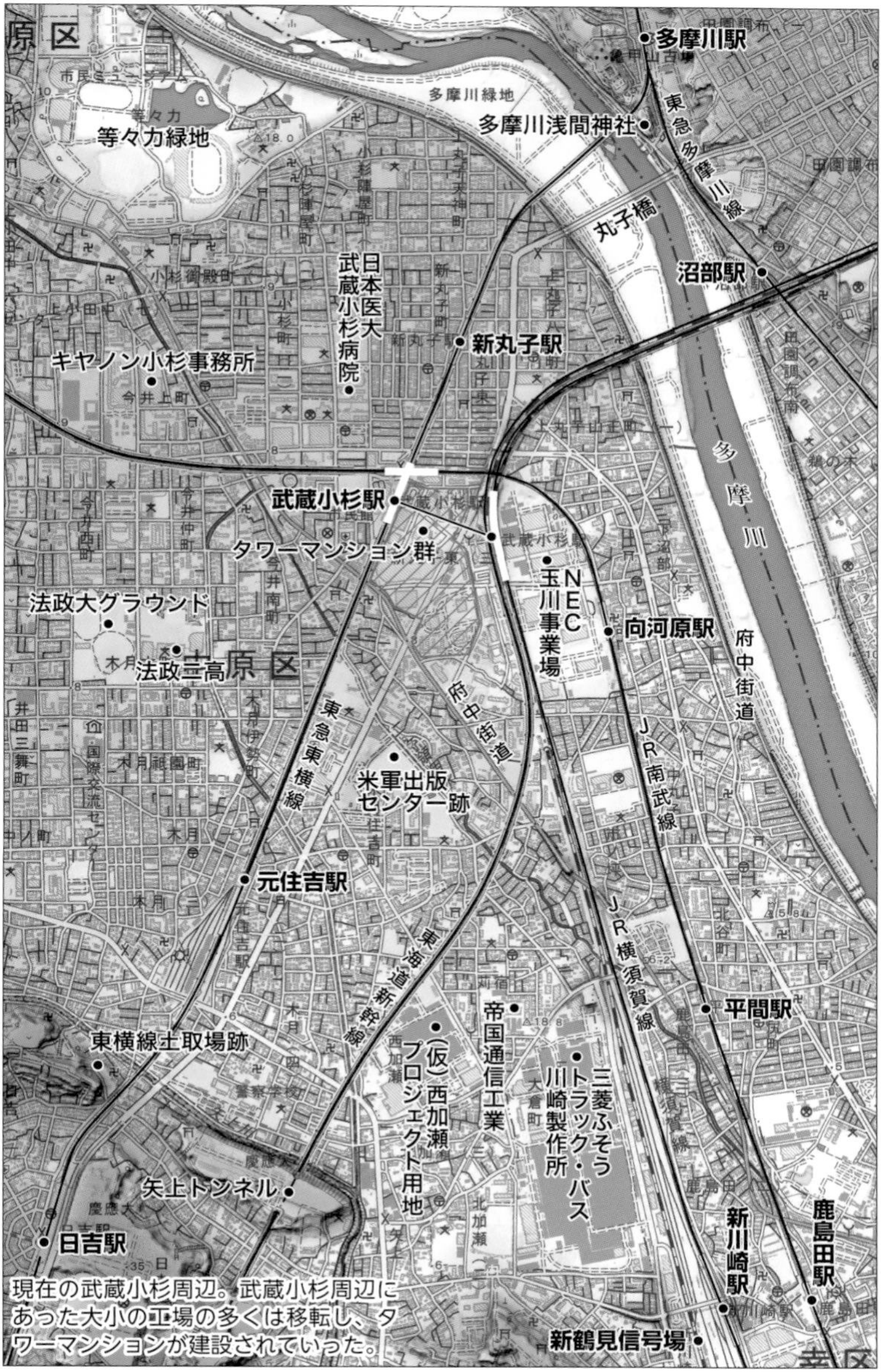

現在の武蔵小杉周辺。武蔵小杉周辺にあった大小の工場の多くは移転し、タワーマンションが建設されていった。

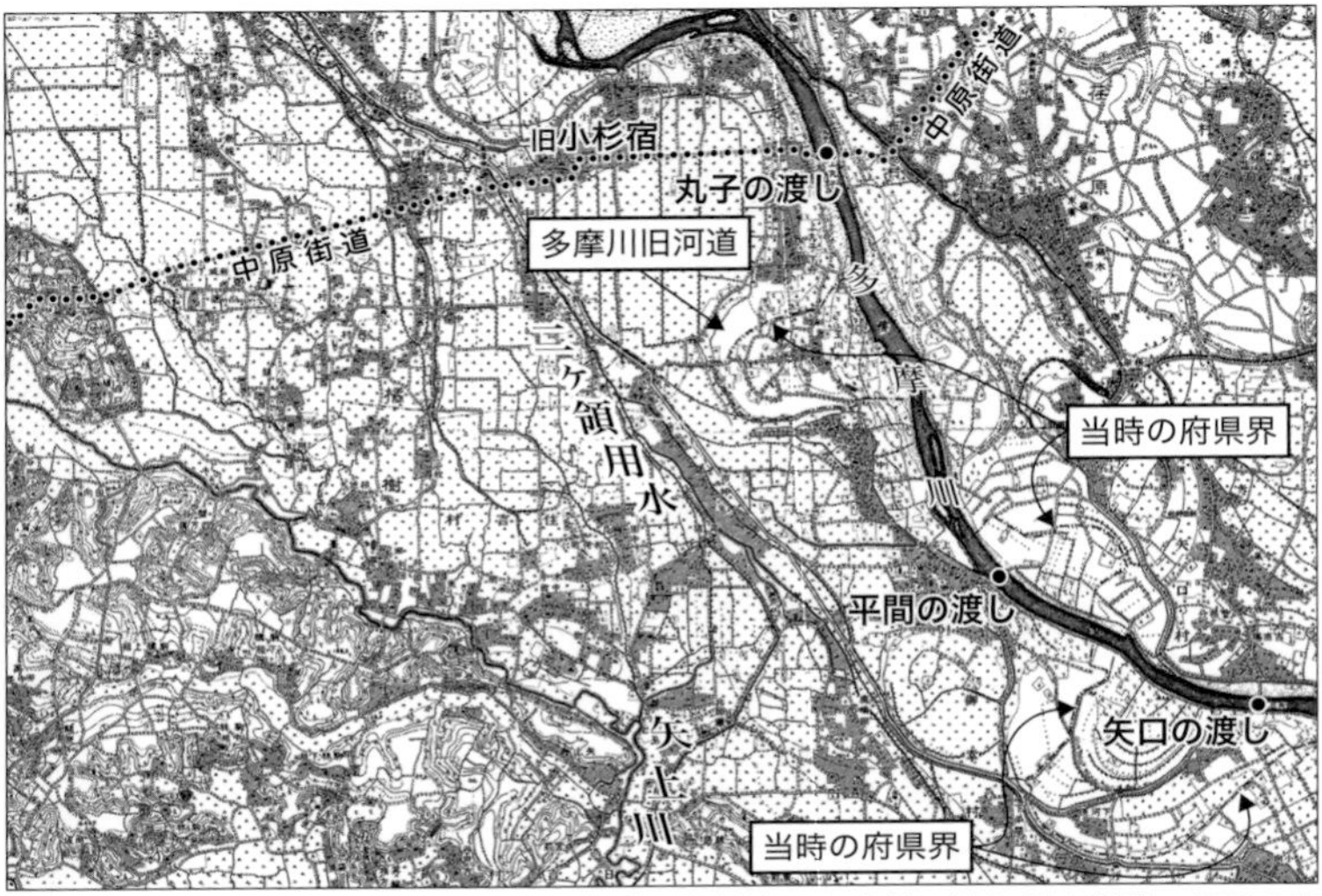

明治39年（1906）測図の地形図に中原街道と小杉宿、多摩川の渡し場を記載。当時の東京府と神奈川県の境界は多摩川の旧河道上にあった。「今昔マップ」に加筆。

武蔵小杉付近に鉄道が開通した昭和初期。昭和7年（1932）要部修正の地形図に品鶴線が開通した昭和4年（1929）当時の駅名を記載。「今昔マップ」に加筆。

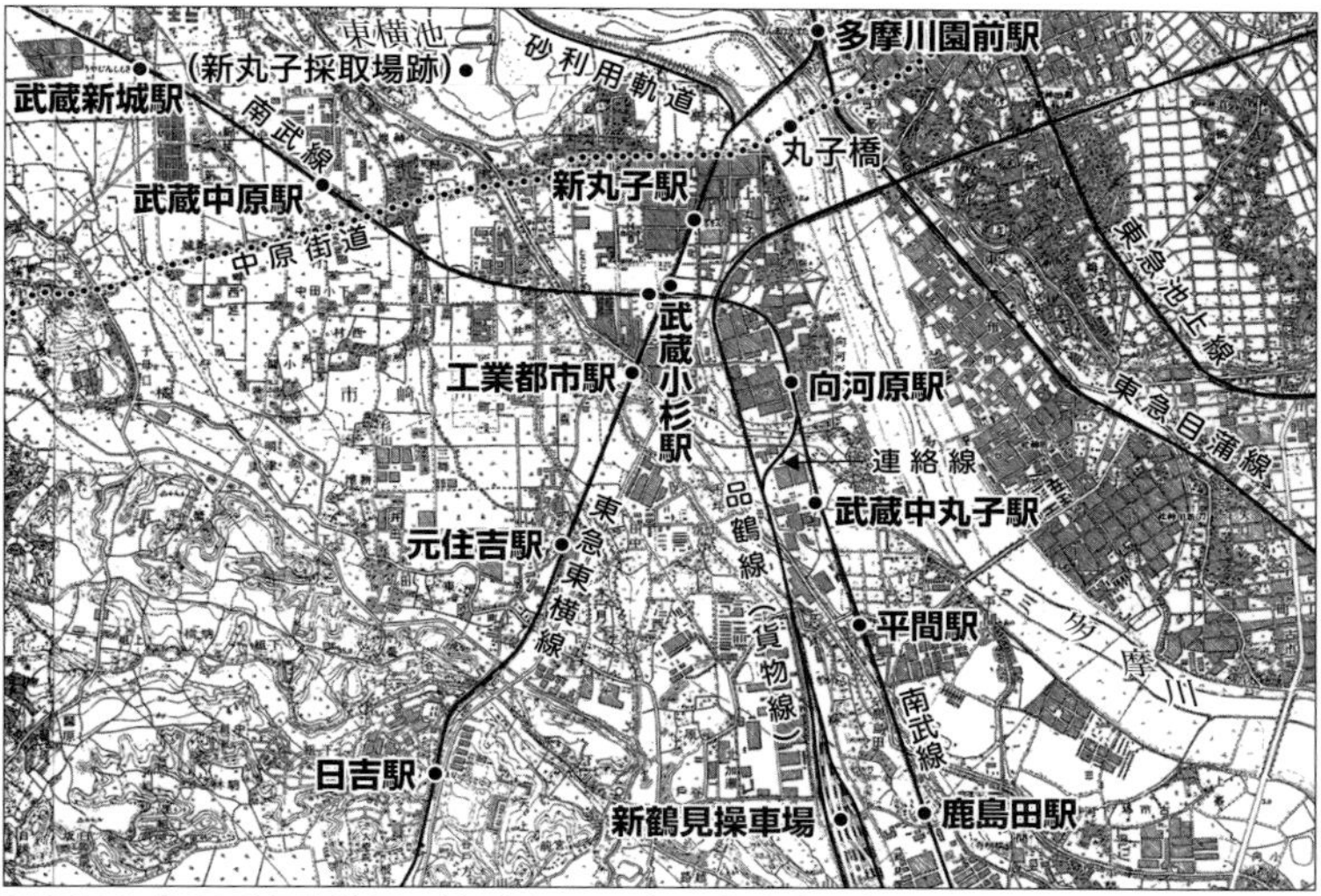

昭和20年（1945）要部修正の地形図。この年、南武線と交わる位置に東横線の武蔵小杉駅が開業。隣の工業都市駅は昭和28年（1953）に廃止。「今昔マップ」に加筆。

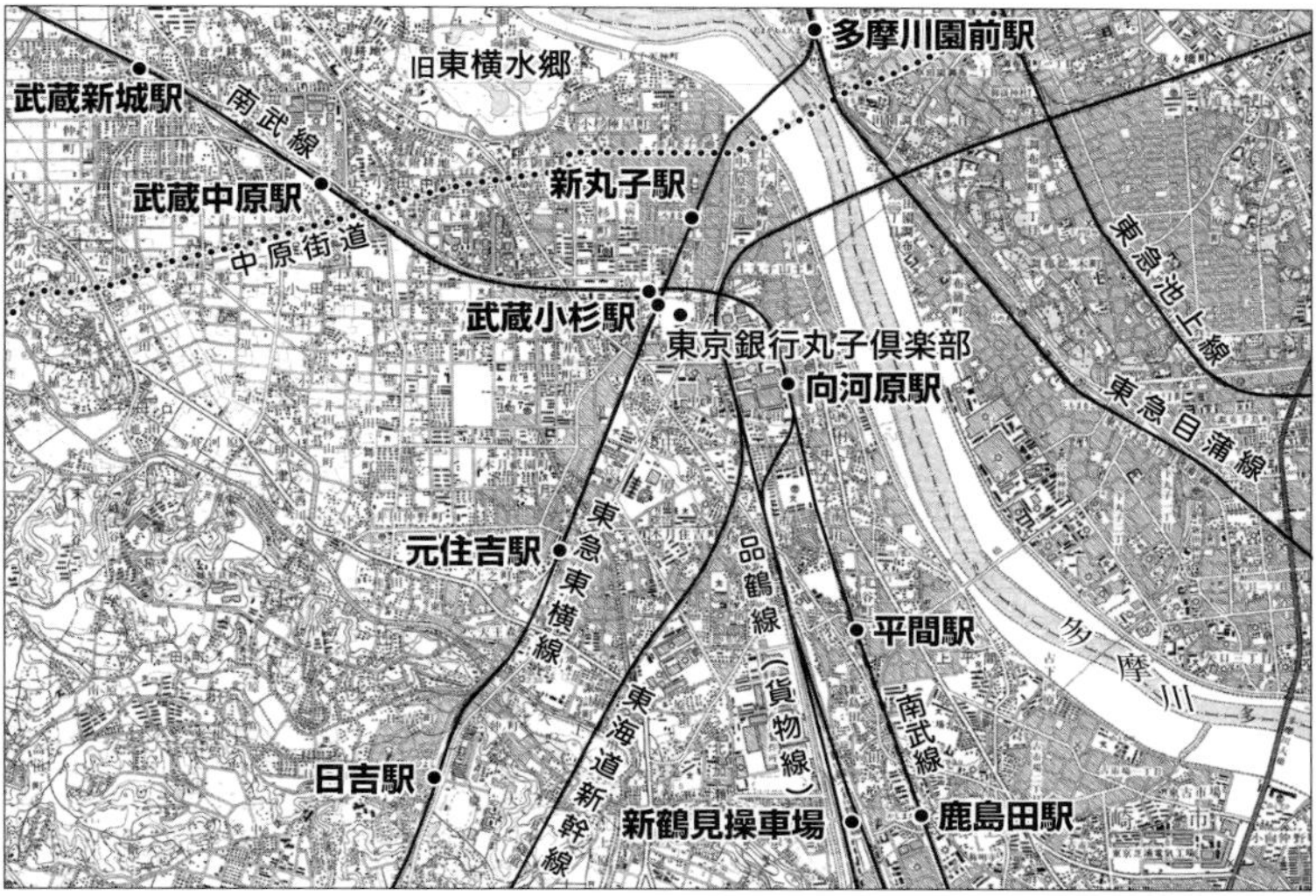

昭和41年（1966）改測の地形図。東海道新幹線は武蔵小杉付近まで品鶴線の用地を活用している。「今昔マップ」に加筆。

鶴見線の不思議な路線図

ヨソモノに鶴見線《つるみ》の敷居は高い。まずは乗車時。鶴見線の入口となる鶴見駅には、改札口のさらに内側に鶴見線専用の自動改札があるのだ。ヨソモノはここで面食らうが、鶴見駅以外すべて無人駅であるための措置と聞いて合点した。最初に「関門」を設けることで、他線からのキセル乗車（乗車時に最低運賃のきっぷのみ購入し、途中区間の運賃の支払いを免れる不正行為）を防いでいるのである。

鶴見駅以外はいずれも無人駅で、簡易Ｓｕｉｃａ（主な交通系ＩＣカードも利用可。以下同じ）改札機が設置してある。鶴見線内駅相互利用では利用者の良心に期待するほかない（不埒な無賃乗車ができないことはない）のだが、周囲がほぼ工場・港湾施設のみという特殊な線区のため、そういう事例はまず起きえない（と信じたい）。

鶴見線のもうひとつの玄関口が、南武線に接続する浜川崎《はまかわさき》駅である。といっても駅のホームはつながっていない。南武線からの乗り換えは、いったん改札を出て、一般道を横断し、跨線橋を渡らなければならないのだ（Ｓｕｉｃａ利用時の特殊な扱いは現地に案内がある）。

現在の鶴見線周辺の3D画像。埋立地に向けて路線が何本も枝分かれしている。©2021 Google

上の3D画像。独特な線形には今さらながら驚いてしまう。旅客列車の起点はすべて鶴見駅だ。鶴見〜扇町《おうぎまち》の「本線」と、鶴見〜大川《おおかわ》、鶴見〜海芝浦《うみしばうら》の「支線」が別個に運行している。本支線三つの終点駅がすべて行き止まりと、いわば最果ての駅である。始発の鶴見駅とて同じだ。レールは行き止まりで頭端式ホームをもつ。他線と完全に分離されているのだ。

ただ、貨物線としての鶴見線は事情が異なる。他線からの貨物列車が浜川崎経由で多数乗り入れている。旅客線と貨物線では見える世界がまったく違うのだ。かつての鶴見線は、戦前の旧型国電が走る路線として人気を集めたが、昨今は珍しい貨物列車に出合える路線としてひそかな人気である。むろん都会の秘境路線としての鶴見線の魅力は昔も今も変わらない。

それにしてもなぜ鶴見線はこんな線形なのだろう。歴史を遡るしか術《すべ》はなさそうである。

埋立地に敷設された線路

そもそも鶴見線が走る場所はほぼすべて埋立地である。左ページ上の地形図は、明治39年（1906）測図の鶴見一帯だ。遠浅の浜辺が一面に広がっている。引き潮ともなれば、沖合1キロ以上先まで広大な干潟が出現した。この海に着目したのが、東京深川《ふかがわ》に所有するセメント工場の移転問題を抱えていた浅野《あさの》総一郎《そういちろう》だった。浅野は、越中《えっちゅう》（現在の富山県）から裸一貫で上京。一代で浅野財閥を築いた立志伝中の人物である。事業の原点といえる浅野セメントのほか、浅野造船所、日本鋼管《にっぽんこうかん》、東洋《とうよう》汽船《きせん》、沖電気《おきでんき》など多数の企業を傘下に収めた。

左ページ下は大正11年（1922）修正の地形図だ。鶴見川河口部の埋め立てが始まっている。鶴見の埋め立ての歴史は、明治41年（1908）、浅野総一郎が約150万坪の埋立事業計画を神奈川県に出願したことから始まる。翌年、安田《やすだ》善次郎《ぜんじろう》（浅野と同じ富山県人で安田財閥創始者）、渋沢栄一（深川の官営セメント製造所払い下げの便宜を図るなど、浅野の事業を後援）らとともに鶴見埋立組合を設立。大正2年（1913）に埋め立てが認可され、着工。翌年には鶴見埋立組合を改組した鶴見埋築《まいちく》を設立（大正9年〔1920〕、東京湾埋立に発展）。昭和2年（1927）、浅野財閥が手がけた埋立地は、ほかの埋立地に先駆けてほぼ完成し

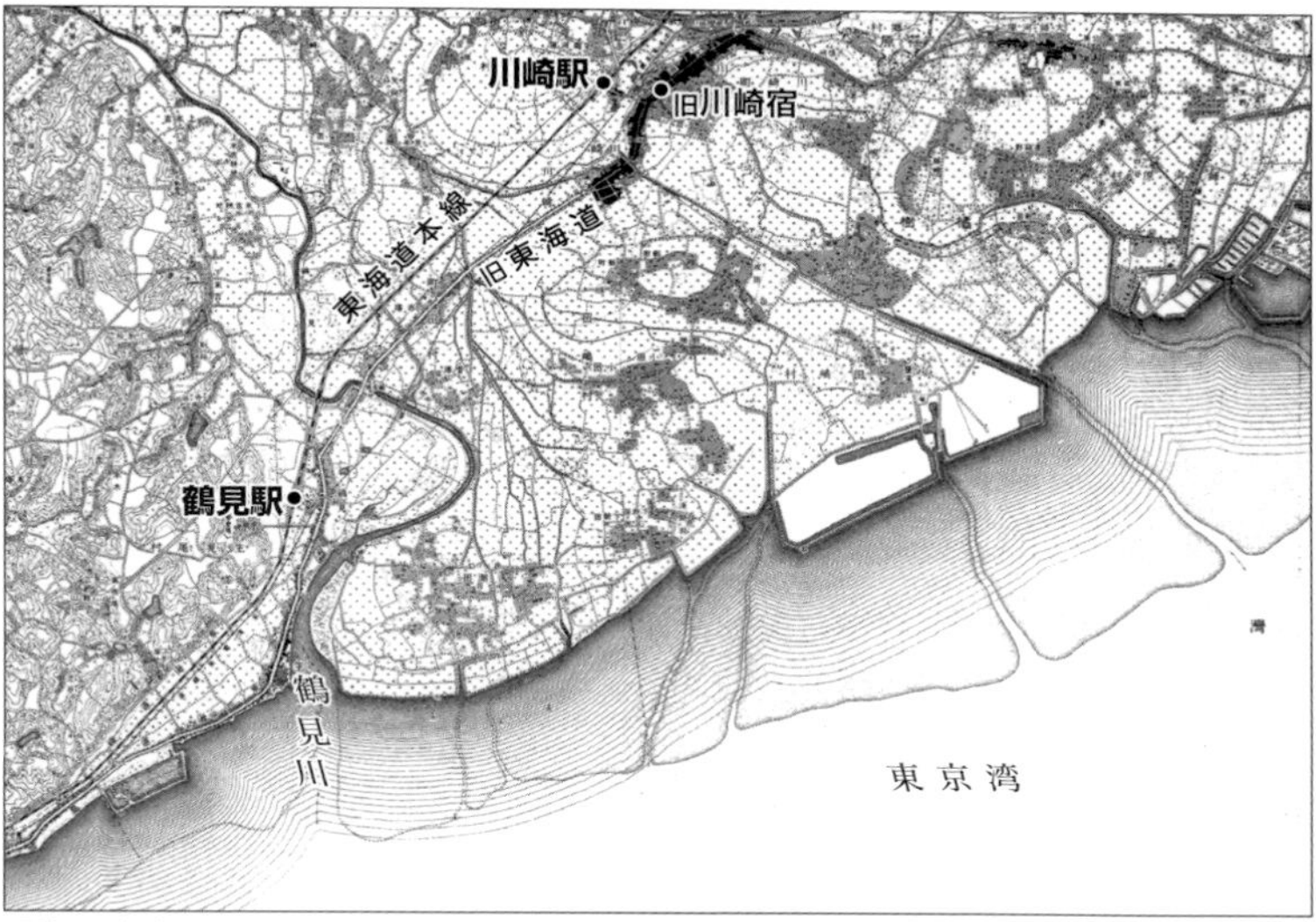

明治39年（1906）測図の鶴見川河口から川崎付近の地形図。遠浅の海に干潟が広がる様子が描写されている。「今昔マップ」に加筆。

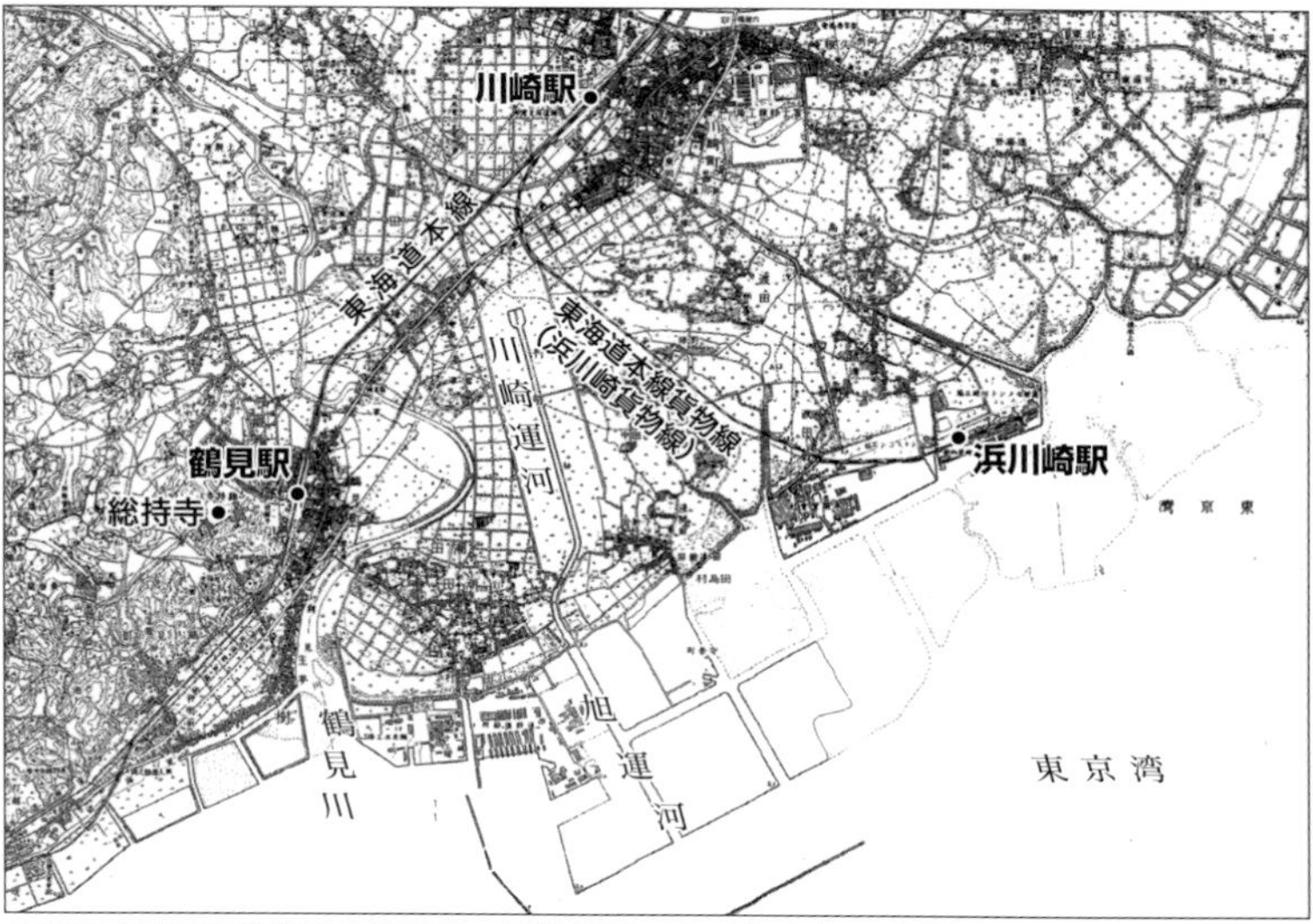

大正11年（1922）修正の地形図。鶴見埋築による埋め立てが進行している時代。陸地深く貫入している川崎運河を開削したのは京浜電気鉄道（京浜急行の前身）。川崎～浜川崎の貨物線が開業したのは大正7年（1918）。「今昔マップ」に加筆。

ている。その間の大正12年（1923）に発生した関東大震災において、鶴見の埋立地の被害が軽微だったことで埋立地人気は高まり、東京から京浜地区へ移転・進出する工場が急増している。

鶴見線は、もともと鶴見臨港鉄道という私鉄だった。浅野総一郎によって構想された埋立地を結ぶ臨海鉄道線である。関東大震災から半年後の大正13年（1924）2月、敷設免許を申請し、4月に貨物営業が認可。発起人には、浅野総一郎と関係の深い財界人が名を連ねた。

大正15年（1926）3月、弁天橋《べんてんばし》〜浜川崎と武蔵白石《しらいし》〜大川、武蔵白石〜石油《せきゆ》（のちの浜安善《はまあんぜん》）で貨物専用鉄道として開業。弁天橋から鶴見仮駅まで延長した昭和5年（1930）10月、電車による旅客営業が始まっている。

旅客営業開始半年前の昭和5年（1930）3月には、並行していた海岸電気軌道（京浜電気鉄道の子会社）を合併しているが、どうやら鉄道省の意向によるものらしい。つまり、鶴見臨港鉄道の旅客営業認可の条件が、多額の負債を負っていた海岸電気軌道の救済合併だったというのである。旧海岸電気軌道線は低迷を脱することなく、昭和12年（1937）11月末に総持寺《そうじじ》〜大師《だいし》間の全線が廃止された（148ページも参照）。

105ページ上は昭和6年（1931）ごろの地形図である。埋立地では、続々と有名

横田飛行場に航空燃料を運ぶ鶴見貯油施設が埋立地の広大な面積を占めている。平成10年(1998)までは厚木飛行場への航空燃料の貨車輸送が行われていた。©2021 Google

企業が工場を稼働させている。昭和初期の鶴見臨港鉄道は、埋立地の外側への路線延長計画が存在していた。一つは鶴見駅から延長して新鶴見操車場に連絡する矢向《やこう》線（仮称）、もう一つが浜川崎から分岐し、東京の大森駅に至る大森線（仮称）である。昭和2年（1927）に免許申請がなされたが、認可された頃には大不況下にあり、新線建設どころではなくなった。

105ページ下は昭和20年（1945）部分修正の地形図。埋立地には、これ以外にも毛細血管のように専用線（いわゆる引込線）が多数延びていた。地図では鶴見の市街地がびっしり描かれているが、実際は激しい空襲を受け、一面焼け野原である。

鶴見臨港鉄道が戦時中の昭和18年（1943）7月に国有化されたのは、軍需産業を含めた日本の重工業生産を支えた京浜工業地帯を沿線に抱えており、なおかつ立川飛行場などに石油を輸送する重要な路線だったからだろう。鶴見の臨海部は、石油精製所が多数稼働しており、石油《せきゆ》支線なる支線まで存在した。

多数の専用線が枝分かれした鶴見線の線形は、あたかも地中に深く張った大樹の「根」の形に見える。鶴見線が根っこなら、太い幹に相当するのが東海道本線と南武鉄道だった。鶴見線は、臨海工業地帯で生産された製品を積み込み、東海道本線と南武鉄道を通じて各地に貨物を送り出す役割を果たしていたのだ。だからこそ鶴見臨港鉄道は、南武鉄道とともに国有化の標的にされたのである。

ところで99ページの写真に戻っていただきたい。安善《あんぜん》駅から先の埋立地だけ路線が延びていないことに気づかれただろうか。実は現在もここには石油支線が通っている。それを示すのが103ページの写真である。今も週に二度の割合で、在日米軍鶴見貯油施設〜石油支線〜浜川崎〜南武線〜尻手《しって》短絡線〜新鶴見信号場〜武蔵野貨物線〜府中本町駅〜南武線〜拝島駅〜専用線〜横田飛行場という経路で、石油類専用タンク貨車を連ねた燃料輸送列車（通称「米《べい》タン」）が運行されているのである。都会の秘境線は、実は米軍の航空燃料を搬入する「生命線」だった。

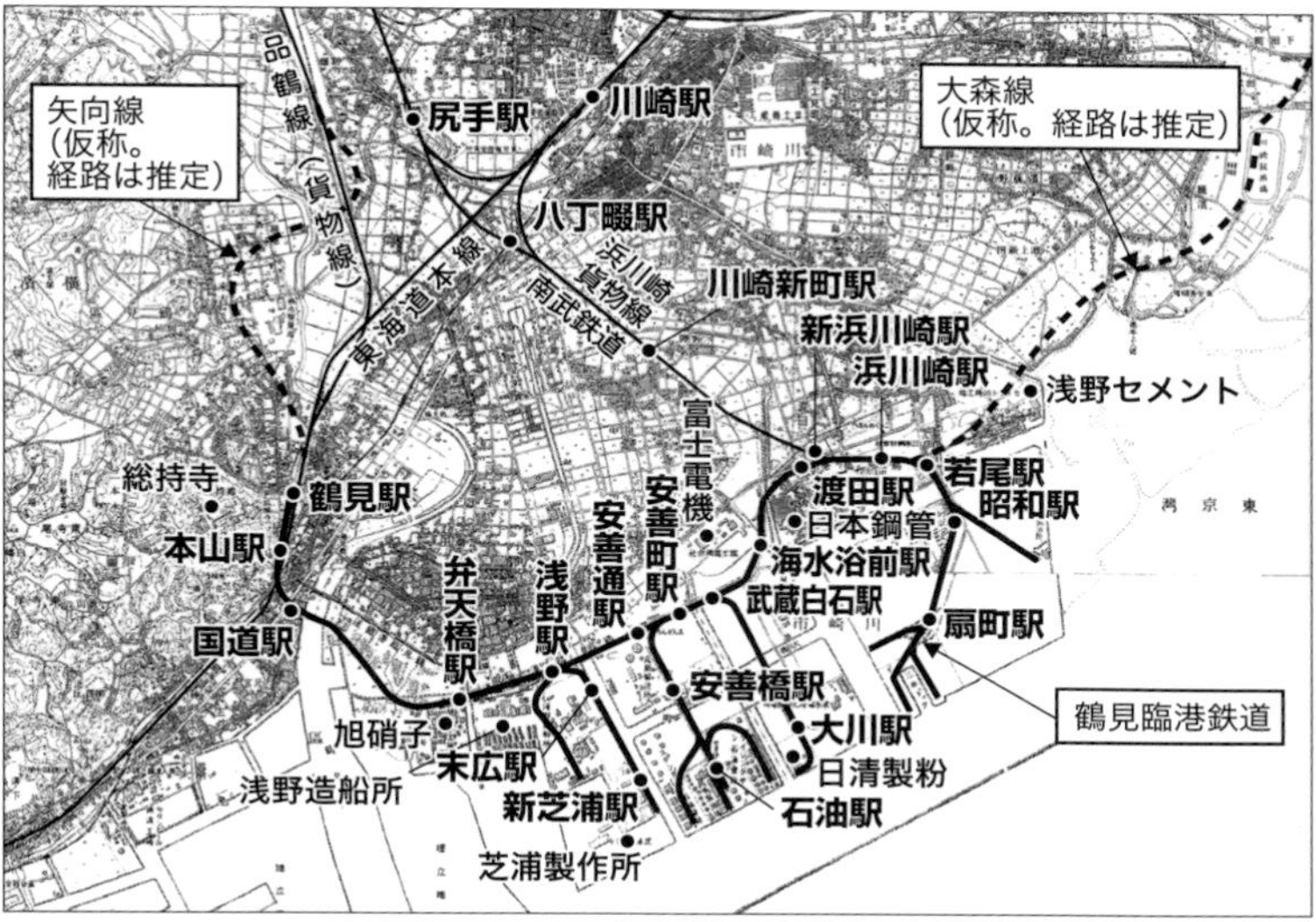

昭和6年(1931)前後に修正された地形図。日清製粉や芝浦製作所(のちの東芝)など、現在も同じ用地で操業している企業が多い。「今昔マップ」に加筆。

昭和20年(1945)部分修正の地形図。戦災焼失区域などは反映されておらず、戦前のままの市街が描写される。川崎〜浜川崎間の東海道本線の貨物線は、昭和48年(1973) 10月に廃止された。鶴見川口までの貨物線は、昭和10年(1935) 12月開業、昭和57年(1982) 11月廃止。「今昔マップ」に加筆。

●なぜ横須賀線と京急線は久里浜を目指したのか？

三浦半島を縦貫するＪＲ横須賀線と京急線の関係も奇妙である。大船と横浜という別方面から半島に乗り入れ、両線は接近と離反を繰り返しながら、なぜか両方とも久里浜《くりはま》駅を目指すように敷設されている。しかも、ＪＲ久里浜駅と京急久里浜駅が１００メートルと離れていないのに、三浦半島最大の都市の横須賀にあるＪＲ横須賀駅と京急横須賀中央駅が約１・５キロも離れているのだ。これはどうしたわけなのだろう。

その疑問を解くためには横須賀線と京急本線の成り立ちを理解しておく必要がある。

横須賀線が開通したのは明治22年（１８８９）６月。東海道本線の開業とそれほど差がない。短い支線にすぎない横須賀線がなぜ早く開通したかといえば、横須賀と三浦半島が軍事的要衝地帯だったからである。横須賀は東日本唯一の軍港として発展しており、観音《かんのん》崎《ざき》周辺には、明治10年代から陸軍による東京湾要塞《ようさい》の建設が始まっていた。しかし山岳地帯の三浦半島にまともな陸路はなく、物資輸送は海路頼みだった。そのため、陸海軍大臣が連名で、横須賀・観音崎方面への鉄道建設を総理大臣の伊藤博文に訴え出たのだ。

横須賀線建設は了承されたが、当時は蒸気機関車の時代である。鉄道土木技術も未熟だ

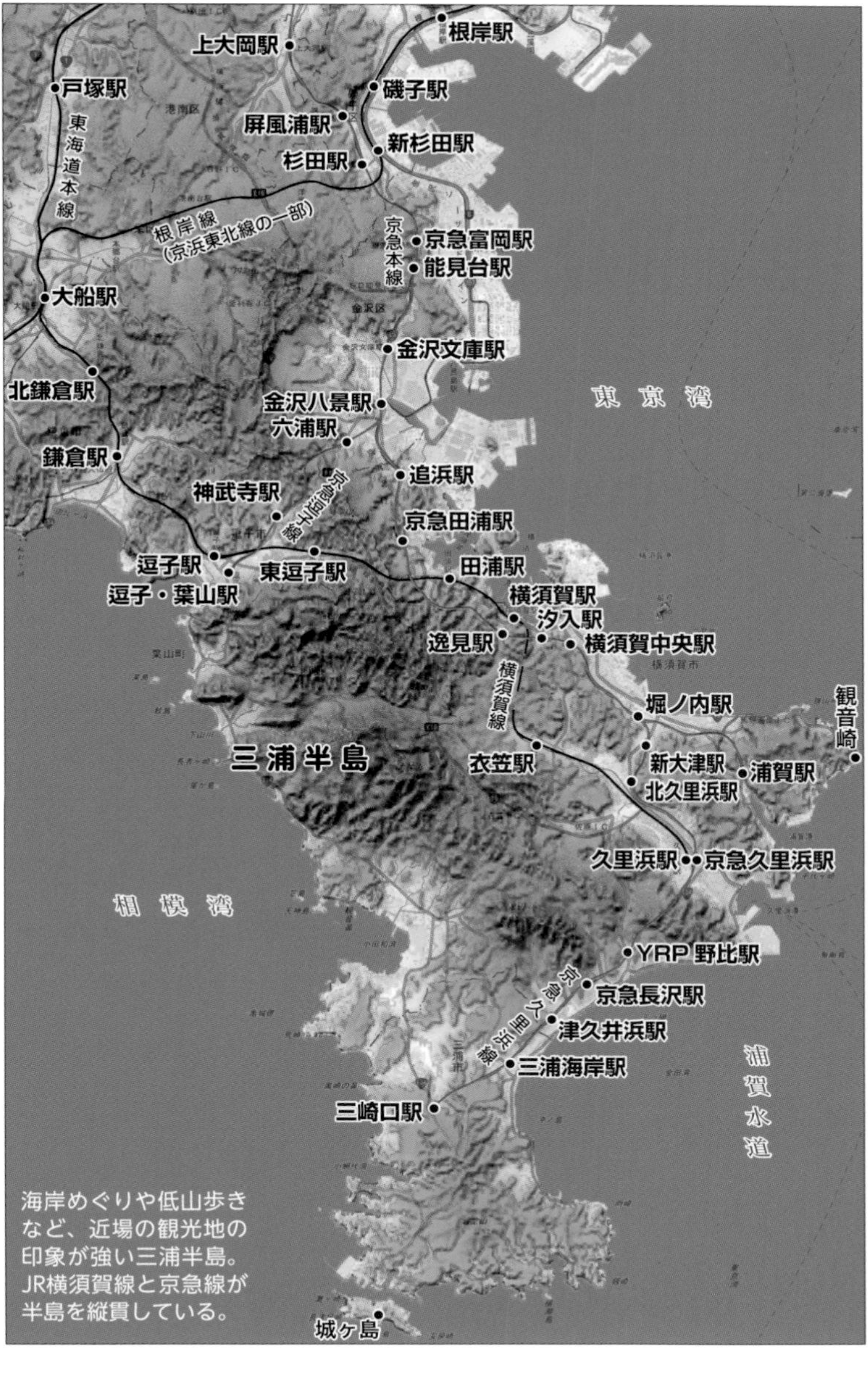

海岸めぐりや低山歩きなど、近場の観光地の印象が強い三浦半島。JR横須賀線と京急線が半島を縦貫している。

った。そのため、多数のトンネルと急勾配区間の連続となる横浜からの直接乗り入れは不可能で、大船（横須賀線接続に合わせて開業）から分岐する経路しか見いだしえなかった。予算不足から、横須賀市街から観音崎方面に抜ける路線建設は見送られ、横須賀停車場は市街中心部から西に1キロ以上離れた逸見《へみ》地区に設置された。この場所は、横須賀海軍工廠《こうしょう》（海軍の造船所や軍需工場）や横須賀鎮守府《ちんじゅふ》（軍港の最高機関）の至近距離だった。

一方、京急本線は、湘南《しょうなん》電気鉄道（京浜急行電鉄の前身のひとつ）の幹線として建設された。横浜の黄金町《こがねちょう》〜浦賀《うらが》間を開業させたのは昭和5年（1930）4月。大小20本のトンネルを擁し、20パーミルの急勾配の連続だったが、開通できたのは鉄道土木の進歩と電車運転という要因が大きかった。

もともと湘南電気鉄道は、三浦半島を一周する本線と逗子《ずし》から分岐して鎌倉に延びる支線、さらに半島先端近くの初声《はっせ》から三崎《みさき》に延びる支線を構想していた。だが、実現できたのは浦賀までの本線と、湘南逗子（現在の逗子・葉山駅付近）まで延びる支線にとどまった。

玉電ビルの資材を転用した久里浜線

戦前、久里浜に鉄道はなかった。久里浜への鉄道は、昭和10年代の海軍の軍拡がきっかけである。漁村だった久里浜村が横須賀市と合併した昭和12年（1937）以降、久里浜

107ページの地図と同一範囲。三浦半島部分は昭和19年（1944）修正の地形図。横須賀線が久里浜まで延長された昭和19年（1944）当時の鉄道を記入。昭和20年（1945）10月13日に廃止されるまでは半島全域が「要塞地帯」に指定されており、さまざまな制約があった。「今昔マップ」に加筆。

地区を横須賀の第二軍港とする計画があり、多数の海軍施設が続々建設されていた。

現在の京急久里浜線に相当する横須賀堀内《ほりのうち》（現在の堀ノ内）～久里浜間の着工は昭和16年（1941）6月。軍部と横須賀市からの要請があったからだという。この時期の横須賀は、軍拡を背景に人口が急増しており、都市部の膨張による住宅とインフラ整備が急務だった。

横須賀堀内～久里浜（仮駅）間の開通は昭和17年（1942）12月。前年の昭和16年（1941）11月1日に湘南電気鉄道は京浜電気鉄道と合併。同月25日には五島慶太が京浜電気鉄道の社長に就任している。昭和17年（1942）5月に京浜電気鉄道は東京横浜電鉄・小田急電鉄と合同して東京急行電鉄となった。

東急傘下になったことで、久里浜線の建設資材の一部は、東京横浜電鉄が建設した渋谷の玉電《たまでん》ビル（戦後11階建てに増築されて東急会館となり、近年まで東急東横店西館として親しまれた）から転用している。事変下の国策により玉電ビルが当初予定の7階から4階への縮小を余儀なくされ、余剰の材料が生じたからだった。しかし慢性的な資材不足はいかんともしがたく、久里浜線終点手前の平作川《ひらさくがわ》を渡る橋梁資材の入手に事欠き、やむなく500メートル手前に仮駅をこしらえて開業している。

湘南電気鉄道久里浜線着工からまもない昭和16年（1941）8月には、横須賀線の久里浜への延長工事が着手された。湘南線直下に横須賀トンネルという関東屈指の長大トン

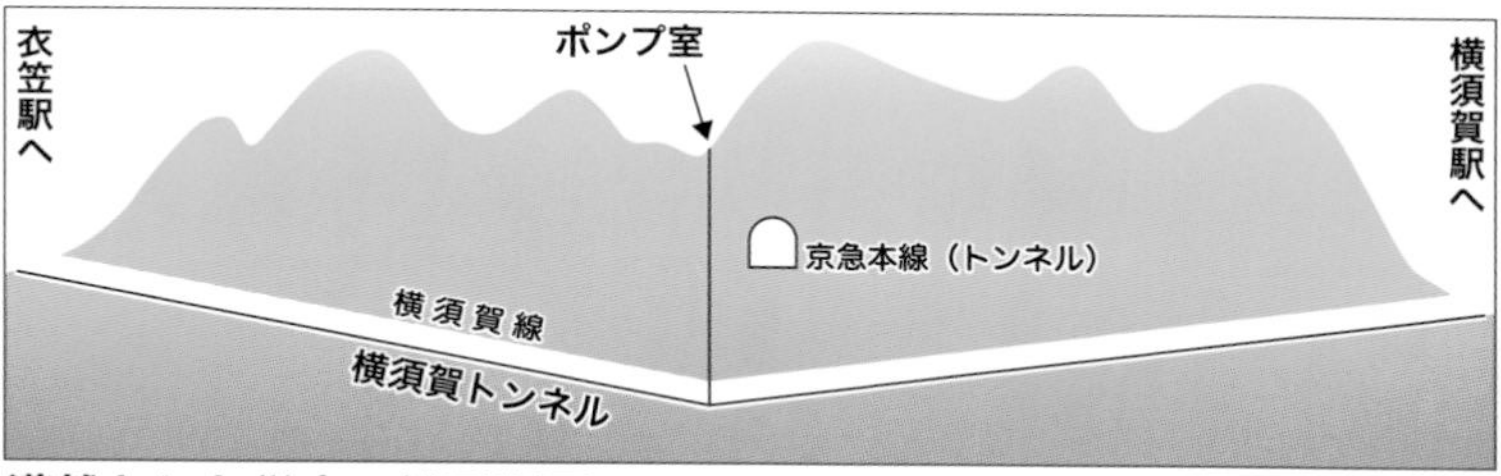

漠然とした従来の地形断面イメージ

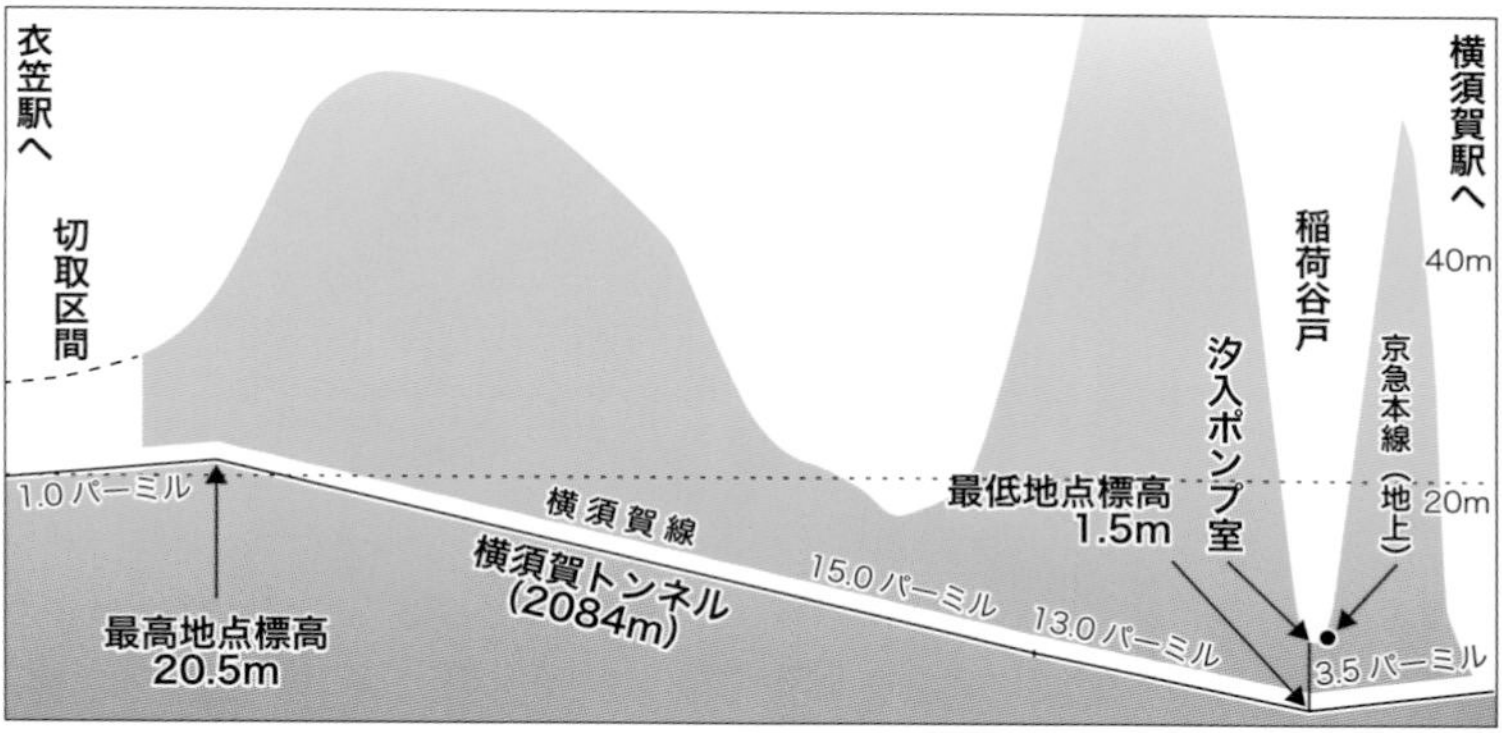

実際の地形断面模式図

クローズアップした交差位置付近の空中写真。逸見第1踏切直下が一番深いため、トンネル内に溜まった水を汐入ポンプ室から常時排水している。©2021 Google

ネルを開削したため、横須賀～久里浜の開業は昭和19年（1944）4月にずれ込んでいる。この区間は今にいたるまで単線だが、やはりレールなどの資材不足に泣かされ、複線だった御殿場線を単線にして浮いた線路を流用している。

東京急行電鉄は昭和19年（1944）12月、海軍の要請で衣笠《きぬがさ》～林《はやし》間の鉄道敷設免許を得て、武山《たけやま》線と仮称された新線を着工している。

小田和《おだわ》湾埋立地には昭和16年（1941）11月、横須賀第二海兵団（昭和19年〔1944〕1月に武山海兵団に改称。跡地は陸上自衛隊武山駐屯地）が設置されていた。海兵団とは、海軍の新兵教育機関で、武山だけで2万人以上在籍（終戦時）していた。

実は東京急行電鉄は、横須賀～堀内間と衣笠～林間にトロリーバスを運行させる構想があった。だが、横須賀線の久里浜延伸を理由に計画は中止され、衣笠～林間のみ鉄道で建設する方針に転換していた。終戦後ほどなく、武山線建設は中断している。

武山線の経路は、衣笠と林を結ぶ道路（三崎街道。現在の県道26号）に並行していた。既存の衣笠トンネルと金子トンネル（いずれも道路トンネル）の脇には、新たに昭和17年（1942）に新トンネルが開削されていた。鉄道用ではないかという憶測が生まれたが、武山線認可よりずっと前に開通していることから、むしろトロリーバス用だった可能性のほうが高いと思う。いずれにせよ大戦突入を控えた横須賀の過熱ぶりが伝わるような逸話である。

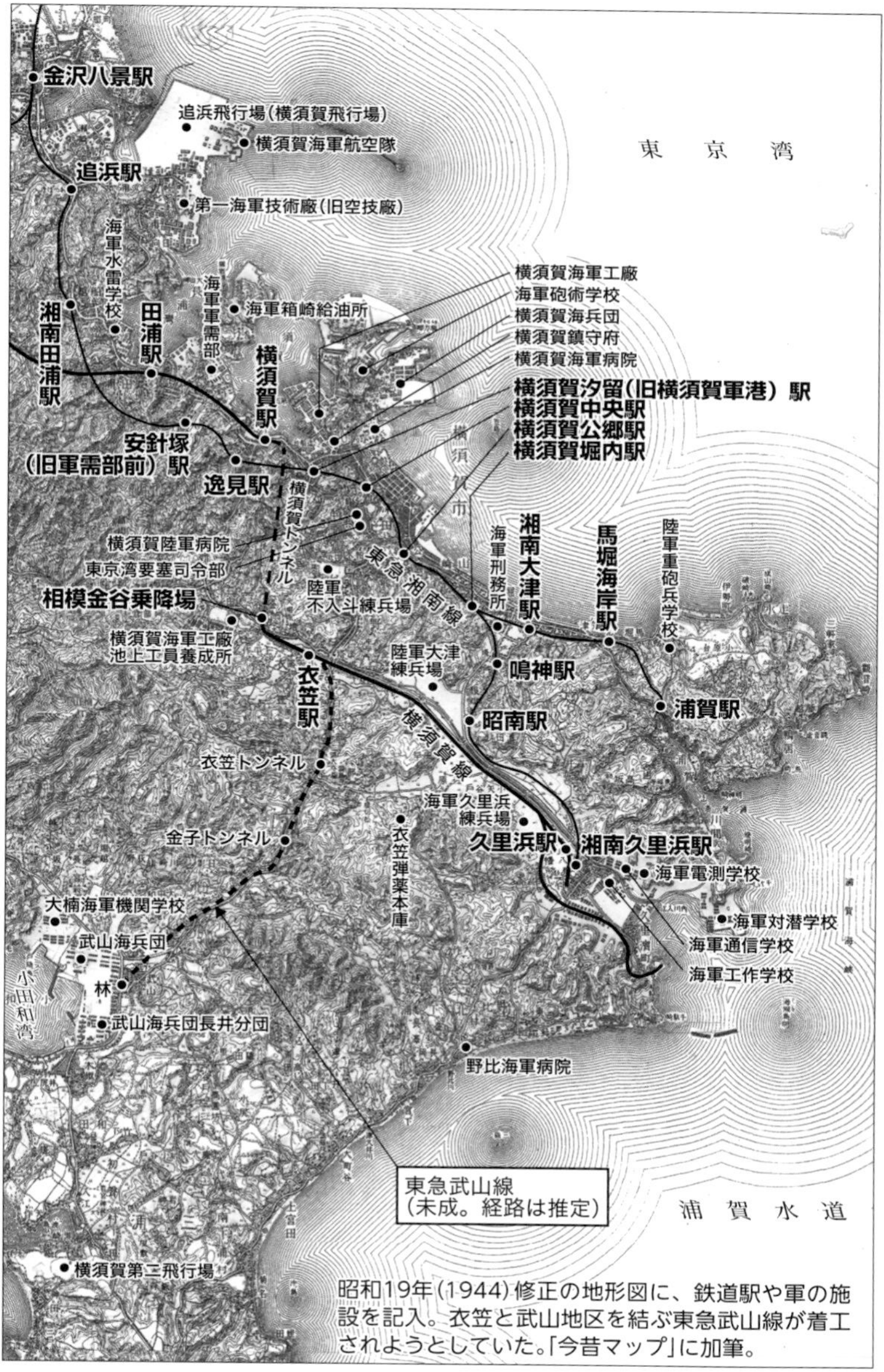

昭和19年(1944)修正の地形図に、鉄道駅や軍の施設を記入。衣笠と武山地区を結ぶ東急武山線が着工されようとしていた。「今昔マップ」に加筆。

なぜ京葉線だけ東京駅と直交しているのか？

東京駅のＪＲ線は、新幹線も含め、ほとんど南北方向に乗り入れている。ところが唯一東から西に向かって乗り入れる路線が存在する。それが平成2年（１９９０）に全通した京葉線だ。左ページの３Ｄ画像を見ていただければ、その異質性が浮き彫りになるだろう。なぜ京葉線の線形だけ南北方向ではないのか。そしてなぜ東京駅と離れた位置にホームがあるのか。

その理由は明快だ。京葉線東京駅は、成田新幹線の用地と施設を転用したものだからである。京葉線の東京駅というのは、１１７ページ上の図のように、もともと東京と成田空港を結ぶ成田新幹線の始発駅として計画されていた。一方の京葉線は貨物線として計画され、都心を避けるように東京湾岸をかすめて川崎方面に抜ける予定だった。

ところが昭和58年（１９８３）5月、用地買収の見込みが立たないことなどから、成田新幹線の工事が凍結。軌を一にしてその年7月、京葉線の東京～新木場《しんきば》の工事が認可される。都心の外郭貨物線として計画された京葉線を、都心発の旅客線として運用する方針が明確になったのである。そのうち東京～越中島《えっちゅうじま》（現在の越中島貨物駅付近）は成田新幹線用

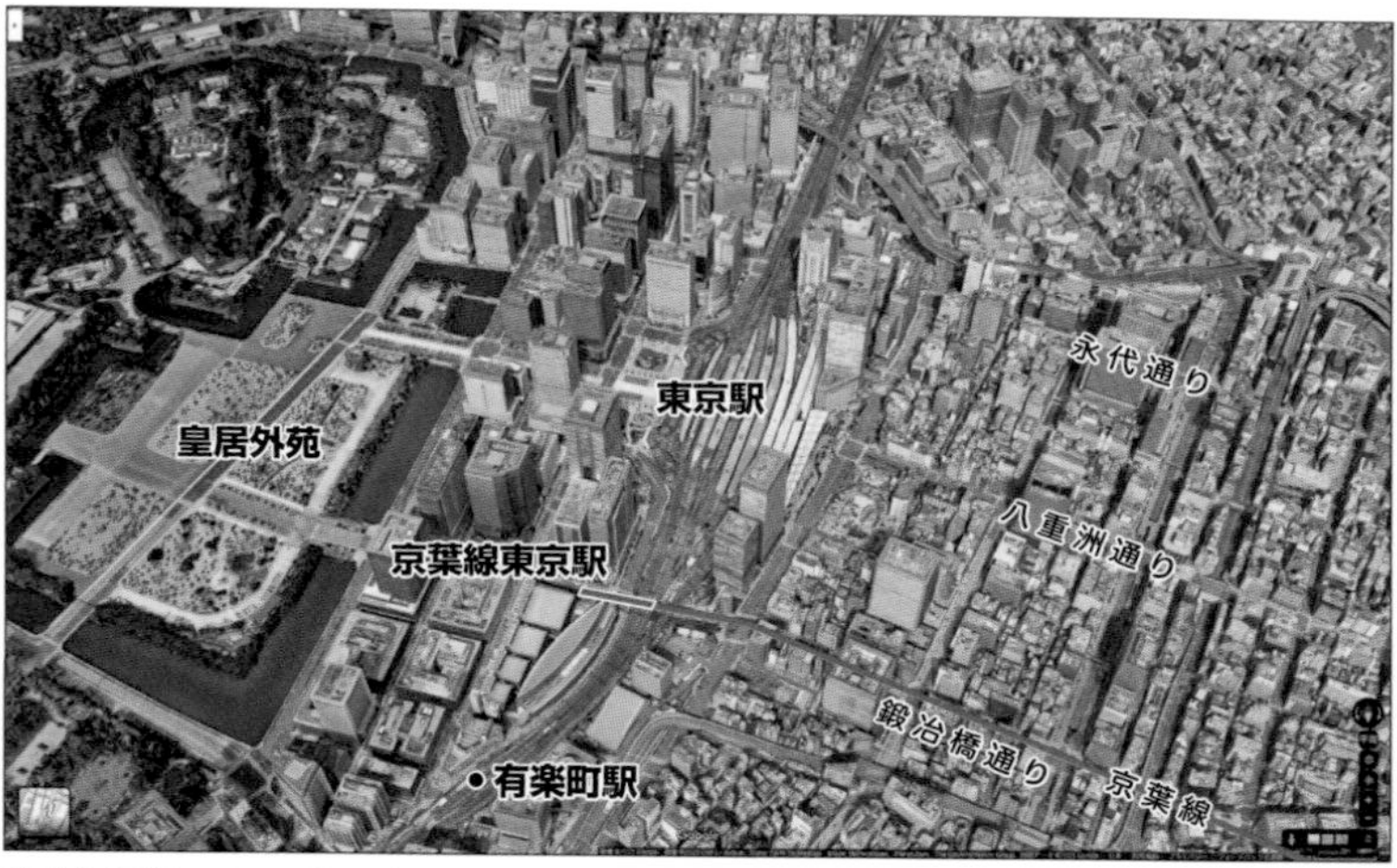

東京駅周辺の3D画像。京葉線東京駅の位置はむしろ有楽町駅に近接している。©2021 Google

地を活用することになった。現在の京葉線潮見《しおみ》〜新木場間だけ線路が急に南北に向きを変えるのは、成田新幹線予定線と京葉線をつなぐいわば橋渡し区間だからである。また、京葉線の当初の予定区間だった新木場〜東京貨物ターミナル（品川区八《や》潮《しお》）の大半はりんかい線用地として使用されている。

完成していた東京駅構内の成田新幹線乗り換え通路は、京葉線用に転用された。京葉線がほかのホームと離れた位置で直交する理由は、東京駅の東方向から乗り入れる経路で地下を大規模に使用していないのが、東京駅南の鍛冶橋《かじばし》通りしかなかったことがいちばんの理由である。

京葉線ホームを33・5メートルの深い地下に建設したのも、妙な話である。京葉線ホームは、東京国際フォーラム西交差点の東で止まっている。

この交差点直下を南北に走る横須賀線のトンネル（地下21・6メートル）とは直接干渉していないにもかかわらず、なぜ横須賀線をくぐることが可能な深さに建設されたのか。これは、首都高速の八重洲《やえす》トンネル直下を通ることや京葉線東京駅の地下構造物が横須賀線に影響することなどによるものらしい。ただし同時にこれは、将来的な新宿延伸の可能性に含みをもたせたものとはいえないだろうか。かつて京葉線には、新宿方面への延伸計画が存在したといわれるからである。

ホームの段差は江戸前島のせいではない

東京駅の妙なところについて、話をつづける。6番線ホームと7番ホームの間に1メートル以上の段差があるのをご存知だろうか。最近、この段差が生じた原因に関して、八重洲口が江戸前島《えどまえじま》だった土地に立地しており、それゆえホームが丸の内側より高くなっているのだという「珍説」を目にした。『妙な線路大研究』著者としては聞き捨てならない由々しき事態である。

結論を言えば、東京駅ホームの高低差は地形や標高に起因するものではない。東京駅の場合、丸の内側も八重洲側もT．P．（東京湾平均海面）＋3・5メートルを地平として施工されており、まったく同レベルである。だいいち百歩譲って八重洲側の標高が高いといいっ

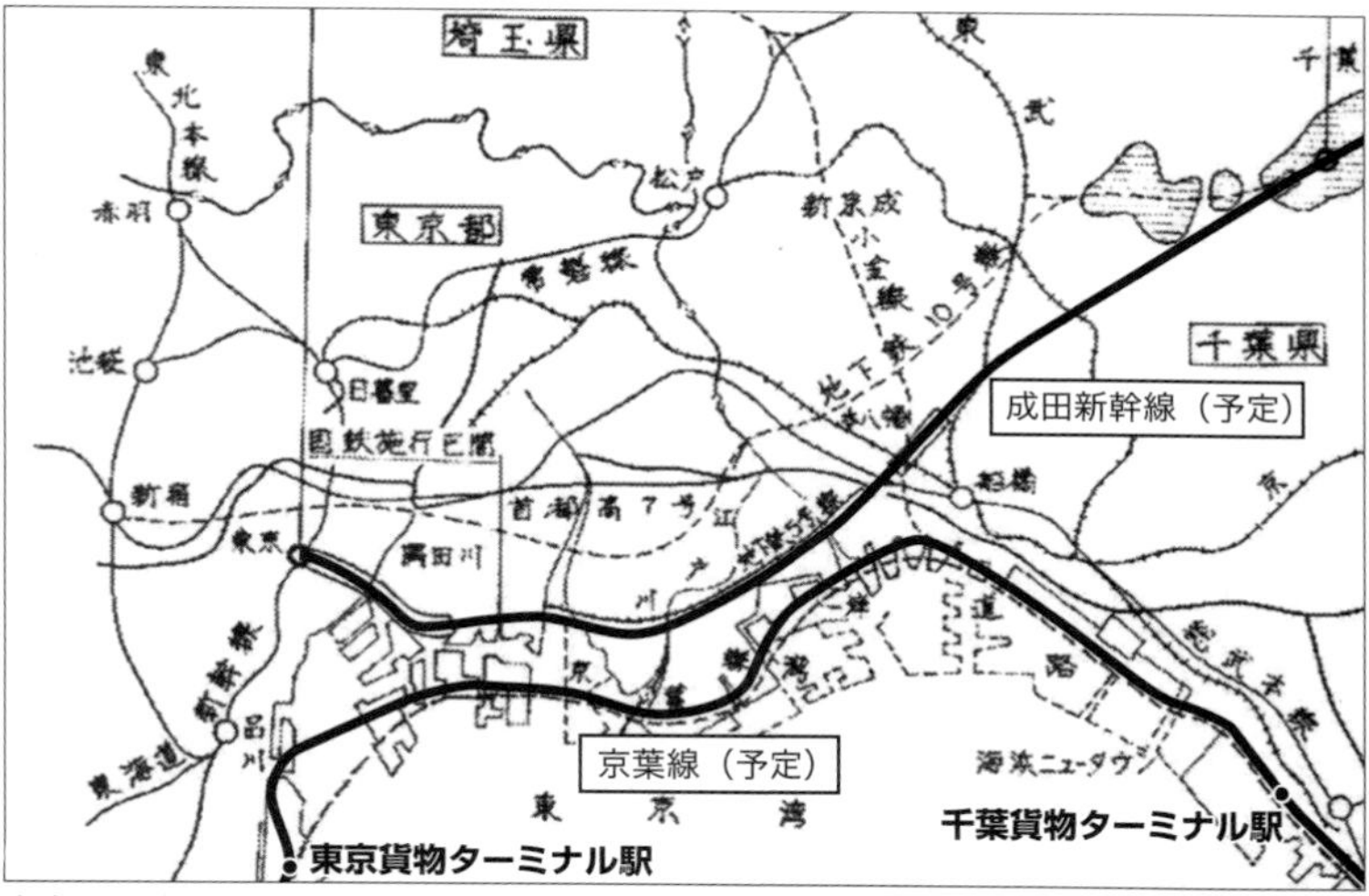

東京駅を始発とする成田新幹線の計画と、東京湾岸をかすめて千葉と川崎方面を結ぶ京葉線（貨物線）の計画が同時期に進行していた。内藤清治「成田新幹線の計画」（日本国有鉄道第一東京工事局編『東工』〔昭和49年3月〕所収）に加筆。

上の図と比較していただきたい。現在の京葉線とりんかい線の線形が、成田新幹線と京葉線（貨物線）の計画に強く影響を受けていることがわかる。

東京駅の6番ホームと7番ホームには1m以上の段差が生じている。その原因はどこにあるのだろうか。

てもセンチ単位の微々たるもので、1メートル以上の段差が生じる理由になるはずもない。

ではなぜ線路面の段差が、開業当初からあった第2乗降場（現在の5番・6番ホーム）と第3乗降場（現在の7番・8番ホーム）の間に存在するのか。その経緯について順を追って説明したい。

昭和17年（1942）に新設された第5乗降場（新幹線ホーム増設用地となったため、現存せず）は、従来の乗降場の線路面より1・27メートル嵩上げされた。これは高架下を駅構内施設に使用することや適用法規の違いといった理由によるものだったという。

次いで既存の第4乗降場（現在の9番・10

「赤煉瓦ドーム」というプレートの赤煉瓦の建築の内側の部屋が「松の間」。現在は通路となっているが、以前は赤煉瓦の外側（手前）が中庭だった。

番ホーム）が、昭和28年（1953）9月に始まった工事で、線路面の高さを1・27メートル嵩上げして第5乗降場の高さに合わせた。両方のホームとも東海道線が使用しており、配線の関係で高さを調整したのである。こうして1・27メートルの段差が第3乗降場と第4乗降場の間に生じた。

それから約40年後、北陸新幹線の東京駅乗り入れにともない、新幹線ホーム増設用地を捻出する必要が生じた。しかしもはや在来線ホームを撤去する余裕はなかった。丸の内駅舎側に高層化したホーム1面を新設して中央線が使用し、在来線を丸の内側に1面ずつずらすことで新幹線ホーム用地を捻出することにしたのである。

このような経緯により、平成7年（19

95）12月まで山手線外回りと京浜東北線南行きが使用していた第3乗降場は、東海道線が使用することになった。第3乗降場は、東海道線が使用する第4乗降場の線路面の高さに合わせて平成8年（1996）6月までに1・27メートルの嵩上げ工事が実施された。6番ホームと7番ホームの間に段差が生じる状況は、こうして生まれたのである。

最後に、前著でも取り上げた東京駅の貴賓室についてふれておこう。取材を進めるうち、前著で「?」を付した貴賓室の位置がほぼ特定できた（JR東日本は、東京駅の貴賓室につい

特別通路。皇太子（現在の上皇）一家を純白の制服を着用した東京駅長が先導する。昭和40年代中盤の撮影。

昭和28年（1953）12月に復旧した「松の間」室内。玉座背後の屏風は狩野派の手になる『豊年の図』。鉄道開業の際に大名から寄贈され、開業式典で新橋停車場の明治天皇の便殿に飾られた由緒がある。

松の間の前の広間廊下を指す「鹿の間」は、戦前はなかった名称。壁に掲げられた鹿の木彫に因む。このページの写真はいずれも東京南鉄道管理局編著『東京驛々史』より引用。

て、存在の有無も含めて「答えない」という立場）。

いくつかの部屋の位置は前著の図とは異なっていた。あらためて補訂した図を掲げたい。ポイントは、松の間の位置が、戦前と同じだったこと。そして、内部に歴代駅長の写真が掲げられ、重要案件の会議室として使用されている梅の間が駅長室の隣だったということである。

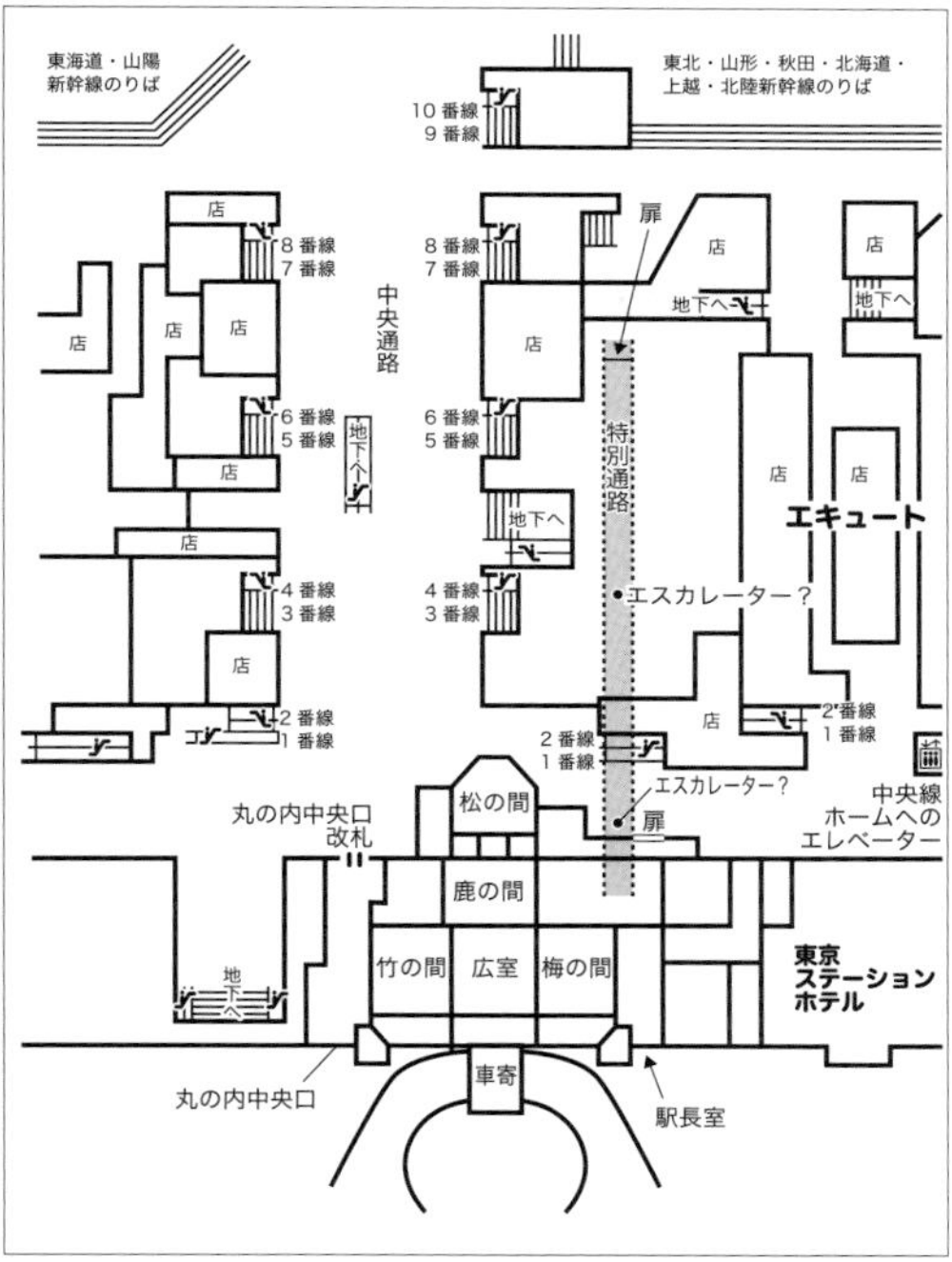

前著『妙な線路大研究　東京篇』77ページの図を補訂。松の間（天皇皇后御休憩室）は戦前と同じ位置にあることが判明。竹の間（皇族・貴賓用）は丸の内中央口側、梅の間（会議室）は駅長室の隣である。

なぜ成田に向かうJR線は2系統あるのか？

成田《なりた》線というのは不思議な路線である。総武本線に接続する佐倉《さくら》～成田間と、常磐線に接続する我孫子《あびこ》～成田間が、まったく別系統で運転され、両者をまたがって走る直通列車は存在しない。にも拘わらず、両方とも「成田線」を名乗っている。西武新宿線と西武池袋線の両方を「西武所沢線」と名づけてしまうような感覚である。ありえないだろう、ふつう。

そもそも成田線とはいかなる路線なのだろう。上の地図を見ていただければわかるように、成田駅を中心とするX字形をしている。成田から先の線区も、銚子《ちょうし》方面に向かう路線と成田空港に向かう路線の二股に分かれているからである。

なぜこのようなことになったのか。それは、大正9年（1920）9月に成田鉄道が国有化された際、成田鉄道が運営していた路線をすべて成田線としたからである。この時点の成田線の線形はY字形をしていた。それから13年後の昭和8年（1933）3月には松岸《まつぎし》まで延長されて、銚子への列車乗り入れが実現。さらに70年後の平成3年（1991）3月に成田～成田空港間が開業すると、この区間も成田線に組み込まれ、現在のX字形の

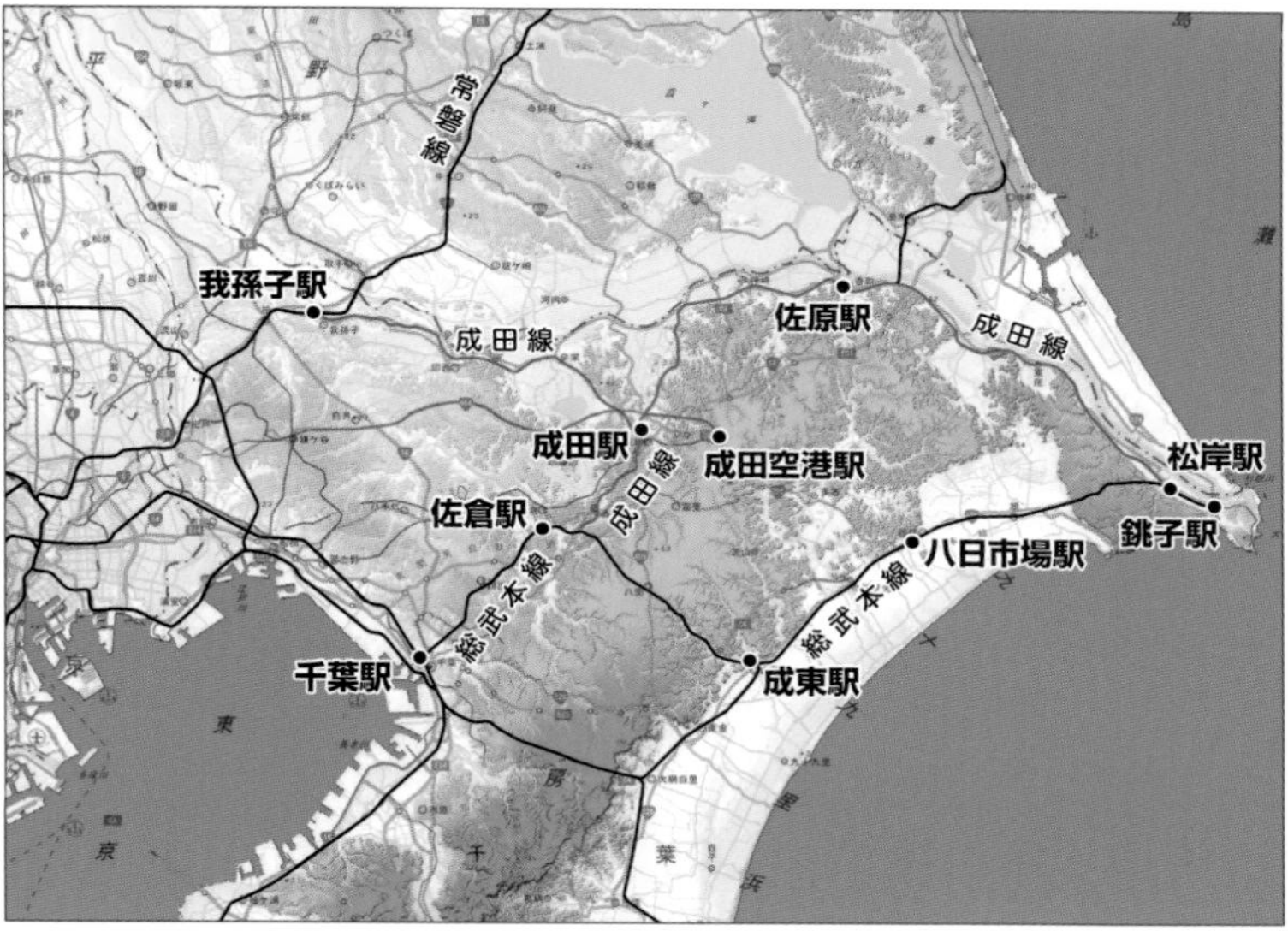

千葉県の北西部から北東部にかけて、JR成田線が広範囲に「分布」している。日本広しといえど、ここまで枝分かれしながら同一名称を名乗る線区はほかに存在しない。

線形となった。

成田と川越を結ぶ鉄道計画

北関東から東北地方に路線を延ばした日本鉄道（私設鉄道）の成功を横目に見てのことだろう。明治10年代後半、私鉄設立の機運が各地に興りつつあった。千葉県内においても、鉄道建設の動きが明治19年（1886）ごろに始まっている。明治20年（1887）11月、佐原《さわら》（現在は香取《かとり》市の一部）の有力者が主導する武総《ぶそう》鉄道と、成東《なるとう》（現在は山武《さんむ》市の一部）の有力者が主導する総州《そうしゅう》鉄道が相次いで千葉県知事に創立を申請した。武総鉄道の計画は、本所《ほんじょ》～市川～船橋～千葉～佐倉～成田～佐原の経路で、総州鉄道の計画は、本所～市川～船橋～千葉～

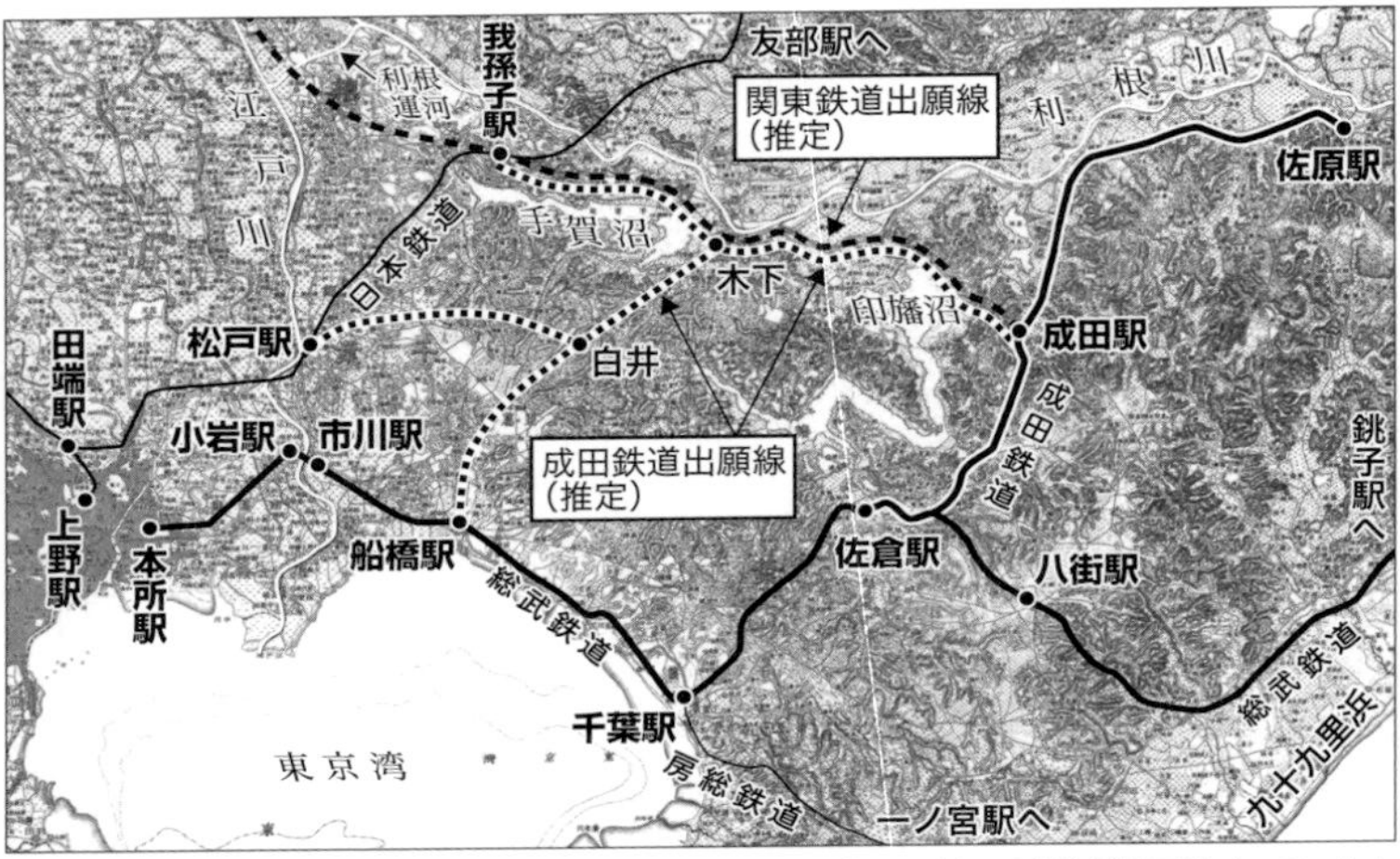

成田以西の主な鉄道計画を記載。明治時代に川越と成田を結ぶ鉄道が計画されていたとは興味深い。「輯製二十万分一図」に加筆。

佐倉～八街《やちまた》～芝山《しばやま》～八日市場《ようかいちば》～銚子というものだった。千葉県知事の船越衛が鉄道に消極的で、政府に出された申請も却下されたものの、明治22年（1889）2月、両社を糾合した総武鉄道が本所～市川～船橋～千葉～佐倉～八街の路線を出願。その際、「軍事輸送と政府開墾地への輸送」を強調している。「市川」「佐倉」「八街」という経由と終点は、「軍事」と「政府開墾地」という目的に合致していた。おそらく政府のみならず陸軍の承認も易々と取りつけたのだろう、4月には仮免許が下り、同年12月には小岩～佐倉間の免許交付の運びとなった。

明治25年（1892）6月に制定された鉄道敷設法の別表には、「東京府下上野ヨリ千葉県下千葉佐倉ヲ経テ銚子ニ至ル鉄道」という一項があり、明治27年（1894）7月に佐倉まで

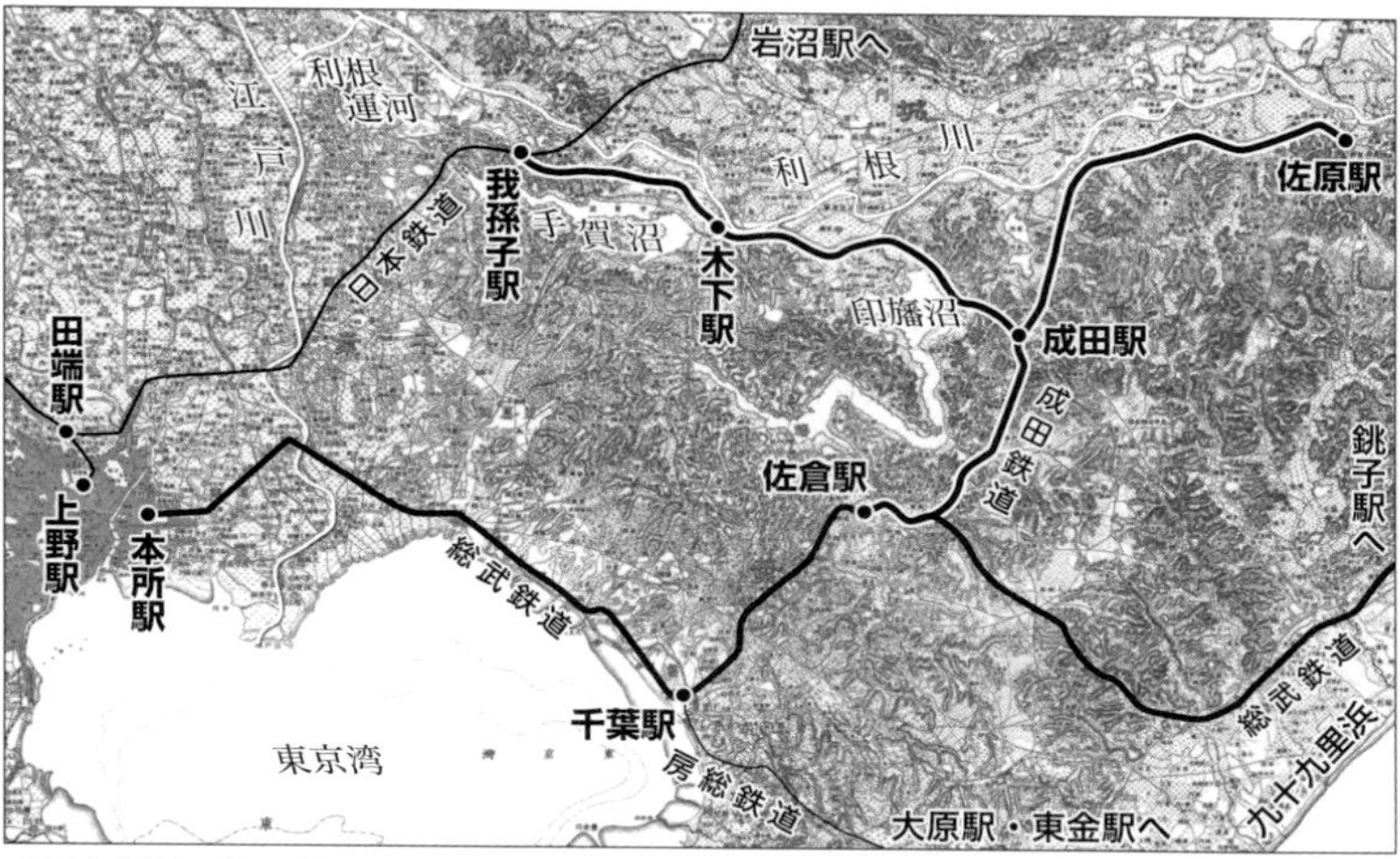

成田と川越を結ぶ鉄道計画は途中で挫折し、我孫子〜成田間のみが開業。成田鉄道は、成田を中心に佐倉、佐原、我孫子に路線を延ばした状態で国有化の日を迎えた。「輯製二十万分一図」に加筆。

の区間が開業。さらに総武鉄道は、明治30年（1897）6月に銚子に到達した。

政治や軍事を優先した結果、成田山《なりたさん》の門前町成田や県内屈指の人口を誇った河港町佐原は、鉄道から外れてしまった。だが、こんな儲け話を資産家がほうっておくわけはない。佐倉〜佐原間の鉄道は、投機的なものも含め10社近い計画が進行していた。紆余曲折はあったが、成田山の貫首三池照鳳《みいけしょうほう》が発起人総代で政商大倉《おおくら》喜《き》八郎《はちろう》も発起人に名を連ねた下総《しもふさ》鉄道（明治28年〔1895〕に成田鉄道に社名変更）が、明治27年（1894）7月に免許を取得している。佐倉〜成田間の開業は明治30年（1897）1月、明治31年（1898）2月には佐原まで開業している。

明治30年（1897）の成田開業時には、成

利根川を走る蒸気船。外輪式の通運丸。江戸川～利根運河～利根川経由で両国～銚子間を1日2便、18時間で結んだが、鉄道が銚子まで延伸（所要4時間）すると太刀打ちできなくなり、衰退。

田鉄道線と総武鉄道の相互乗り入れが実現。本所（現在の錦糸町《きんしちょう》）～成田を2時間あまりで結んだが、総武鉄道に併呑されるのを嫌ったのだろうか、あるいは成田鉄道への利益配分の割合が悪かったのか、乗り入れは3ヶ月で打ち切りとなってしまう。

一方、成田と日本鉄道土浦線（現在の常磐線）を結ぶ鉄道をめぐっても、北総鉄道（成田～我孫子。現在の北総鉄道とも東武野田線を建設した鉄道会社とも無関係）と成田鉄道（成田～松戸の本線と、途中から分岐する白井《しろい》～船橋と木下《きおろし》～我孫子の分岐線）が明治28年（1895）に出願したもののすべて却下。

その後どういういきさつか、成田鉄道と川越～成田間の鉄道敷設を目論む関東鉄道（成田～我孫子～野田～岩槻《いわつき》～大宮～川越。現在

成田鉄道の一等客車に連結された喫茶室。瀟洒な洋風の椅子とテーブルクロス敷きの円卓が置かれ、ビールやコーヒー、果物類が販売。新聞や雑誌、楽器のオルガンも置かれた（明治36年〔1903〕9月の『風俗画報増刊　成田鉄道名勝誌』より）。

の関東鉄道とは無関係）の競合となったが、明治30年（1897）3月、成田鉄道が成田～我孫子間、関東鉄道が我孫子～川越間と仮免許を分けあう結果となった。関東鉄道にとっては我孫子以西だけでは旨味がないと思ったか、直後の7月には我孫子～川越間の仮免許を成田鉄道に譲渡している。

明治31年（1898）9月に成田鉄道が成田～川越間の本免許を得る。成田～我孫子間を第一工区、我孫子～大宮間を第二工区、大宮～川越間を第三工区として、まず成田～我孫子間を着工。明治34年（1901）4月に我孫子まで開業したが、我孫子～川越間は着工できないまま、明治36年（1903）に「線路短縮」（工事中止）を願い出、政府に許可されている。

我孫子まで開業した明治34年（1901）4月1日～4日の成田停車場の乗降客数は、新規開業した我孫子線（我孫子～成田）2万1362人に対し、従来の佐倉線（佐倉～成田）が5992人だった。その後も成田鉄道は自社の乗車距離の長い我孫子線に利用者誘導を図り、門前の旅館にマージン込みで売り込みをかけた。総武鉄道側も売られた喧嘩は買うとばかり、運賃の値下げや成田駅頭の客引きなど対抗策を打ち出した。それに対して成田鉄道は、わざわざ佐倉駅の列車連絡を悪くして、所要時間を我孫子経由に有利に運ぶことまでやったという。

さらに成田鉄道は明治35年（1902）3月1日から上野～成田間に直通列車を運行。成田山の大開帳が始まった4月9日以降、豪華な喫茶室付き一等客車を連結する。サービス合戦は、並行する利根川水運への対抗策という面もあった。

しかし激しい競争は突然終わりを告げる。明治37年（1904）2月の日露戦争勃発である。3月20日、本所～成田間の直通列車が7年ぶりに復活しているのだ。

日露戦争後、めぼしい私鉄が次々国有化されたが、成田鉄道は国有化を免れ、東武鉄道とともに国内最大手の私鉄として君臨した。だが、大正9年（1920）、成田鉄道も国有化されてしまう。そして京成電気軌道（現在の京成電鉄）が独自の路線で成田に乗り入れてくるのは、大正天皇崩御当日の大正15年（1926）12月24日である。

第三章

まっすぐすぎる線路にはウラがある!?

「まっすぐ」＝最短経路。
でも、寄るべき都市や産業地帯はどうなっている？
線路を「まっすぐ」敷設した目的はなにか。

なぜ東横線は平地を避けて日吉の丘を突っ切るのか？

左ページの写真を見てほしい。日吉《ひよし》付近を走る東急東横線と東海道新幹線である。ほぼ並行に走るふたつの鉄道だが、ふたつの線の開業時期には40年近い隔たりがある。日吉の丘を走る東急東横線が地下化されたのは、平成3年（1991）11月で、それまでは日吉の丘を急勾配とS字カーブを駆使して上り下りしていたのである。

鉄道というものが勾配を嫌う交通機関だということは、これまで幾度も述べてきた。ところが、東横線の日吉付近の線路は、勾配を避けるという鉄道のセオリーを無視するかのように、あたかも日吉の丘に引き寄せられるように鉄道が敷設されている。低地の経路のほうが勾配もなく、なおかつ直線に近い経路を採ることが可能なのに、わざわざ比高20メートル近い丘を縦断しているのである。

地上線時代から、元住吉〜日吉〜綱島間には25パーミルの勾配が複数存在した。元住吉から日吉に向けて勾配を緩和するためS字を描いて上り、日吉駅を過ぎると25パーミルの下りと上りで綱島駅に滑り込み、そこから先は25パーミルの下りで鶴見川を渡るのである。電車運転が前提だったから、上れないことはない勾配ではあるが、東側の平地の経路を選

現在の日吉付近の3D画像。慶應義塾大学日吉キャンパスを挟んで、東急東横線と東海道新幹線がほぼ等間隔で並走している。©2021 Google

べば、勾配は避けられたはずなのに、なぜわざわざ勾配の生じる区間を選んだのか。

日吉に建立された巨大な記念碑

東横線が日吉の丘を縦断する理由を読み解く都市伝説めいた解答が、「日吉に東横電鉄の土取場があったから」という説である。それを物語るのが、日吉にあった記念碑の存在である。なんとそこには、「東急電鐵發祥之地」と刻まれているのだ。

この石碑は、五島慶太の肝いりで昭和31年（1956）1月に日吉町東急記念公園（日吉2丁目27）に建立された。平成13年（2001）に閉園したため、現在は元住吉駅近くの東急電鉄研修センター内に移設されている。

たかだか土取場のために五島慶太が巨大な

記念碑を建立したという事実が、土取場があったから東横線を日吉に曲げたという風説を生んだのかもしれない。しかし実際は順序が逆だった。いみじくも碑文自体にその答えが記されていた。碑文は、「此の地は東京急行電鐵の前身たる旧東京横浜電鐵が鐵道建設の第一着手として日吉より新丸子に至る水田を埋立てるため大正十四年一月十日土取場として最初に買収した土地である」と刻んでいる。つまり東横線の日吉〜新丸子間の経路上にあった水田の埋め立ての土砂採集地として買収したのが日吉の土取場だったのである。東横線の経路が先に決まり、土取場はそのあとで決まったのだ。

鉄道省の少壮官僚だった五島慶太が招かれて武蔵電気鉄道に移籍したのは、大正9年（1920）である。ほどなく田園土地《でんえんとち》の鉄道部門（のちの目黒蒲田電鉄）に乞われて采配を振るい、鉄道と住宅地開発を自家薬籠中のものとして成功に導き、行き詰まっていた武蔵電気鉄道を東京横浜電鉄とあらためたうえで中断していた京浜間の新線構想を実現している。これが現在の東急東横線である。

それでは五島慶太は、日吉を分譲住宅地として売り出すために東横線の経路を日吉に曲げたのだろうか。たしかに五島が日吉を住宅地として開発したことはまぎれもない事実である。

折りしも「高燥の地」（高台で湿度の低い土地）こそが健康的で、住宅地として最適であるという西洋流の意識が席巻していた時代である。目蒲線開業と歩調を合わせた田園調布住宅地の開発成功がそれを示していた。五島慶太は、目蒲線につづいて東横線の沿線開発事業を成功に導くためになりふり構わなかった。よく知られているのは高等教育機関の誘致である。慶應義塾大学には無償で日吉に予科の土地を提供し、元住吉には法政大学に予科の土地と道路を用意し、新丸子には日本医科大学に予科の土地を提供するといった具合である。

やはり住宅地開発を目的に東横線を日吉に曲げたのだろうか。いや、理由はそれだけではない。実は日吉を経由する鉄道の経路は、明治時代から決まって

優に高さ3m以上ある巨大な「東急電鐵發祥之地」碑の現況。近くには五島慶太手植えの松もある。

いたことなのだ。それが左ページの地図である。

東京横浜電鉄の前身である武蔵電気鉄道時代の明治39年（1906）11月、最初に申請した京浜を結ぶ新線の経路案は、天現寺橋《てんげんじばし》（現在の渋谷区広尾5丁目）を起点に、平沼《ひらぬま》停車場（大正4年〔1915〕に廃止。現在の横浜駅南西に所在）で東海道本線に接続するというものだった。

当時の天現寺橋は東京市電の結節点となっていた場所で、ここをターミナルにすることで東京市内への便を図る目的があった。このときの経路は現在の東横線よりもずっと東を通過しており、日吉付近はかすめてもいない。

ところが、わずか半年後の明治40年（1907）5月、武蔵電気鉄道は経路を変更して出願しなおしている。起点と終点こそ変わらないものの、途中の経路が西に大きく動き、日吉付近を通過していた。さらに下沼部《しもぬまべ》（現在の沼部駅付近か）から分岐して蒲田に至る支線が追加されてもいた。経路の変更理由について、昭和17年（1942）に刊行された『東京横浜電鉄沿革史』には、「線路通過地域には種々支障欠陥もあり、これが再考訂正の余地が十分あったので」とだけ述べ、具体的な理由や経緯を明らかにしていない。想像をたくましくするしかないが、昭和40年（1965）に刊行された『東海道新幹線工事誌一般編』（日本国有鉄道東京幹線工事局編）には、この付近の地勢について興味深い記述があ

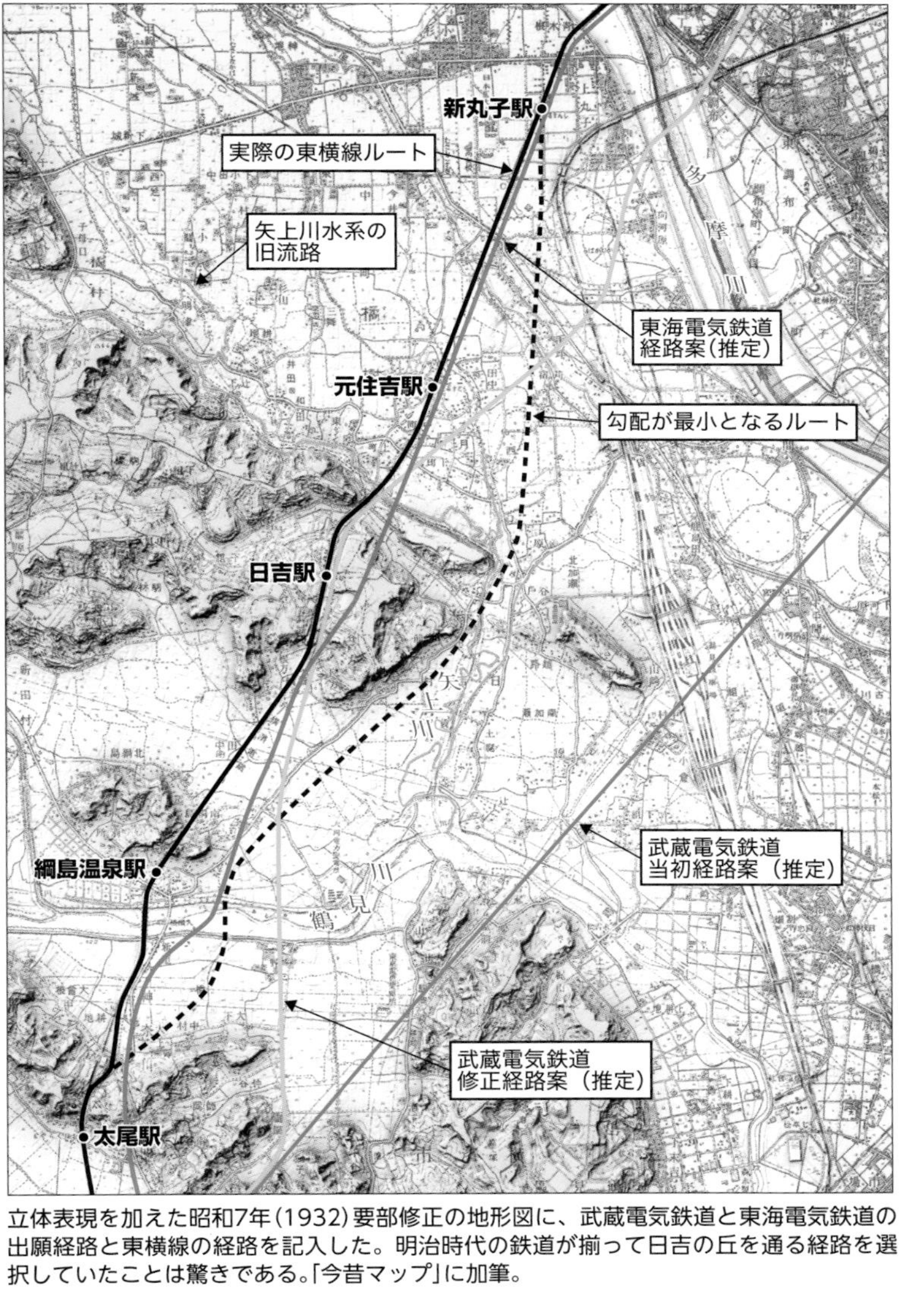

立体表現を加えた昭和7年（1932）要部修正の地形図に、武蔵電気鉄道と東海電気鉄道の出願経路と東横線の経路を記入した。明治時代の鉄道が揃って日吉の丘を通る経路を選択していたことは驚きである。「今昔マップ」に加筆。

る。「鶴見川の流域は地質が悪く、又氾濫のおそれもあつ《ママ》たので、ルートは出来るだけ山沿いに考えた」というのである。そういえば東海道新幹線も日吉の丘をトンネルで通過している。

武蔵電気鉄道が経路を変更した理由は、低地を避けるためだった可能性が高い。近年にいたるまで鶴見川流域は水害の常襲地域だった。鶴見川や支流の矢上川《やがみがわ》は暴れ川として怖れられていた。武蔵電気鉄道の急な変更届け出は、鶴見川流域の地盤や水害を危惧し、できるだけ山沿いの経路に変えたものではなかっただろうか。

この経路は、根津嘉一郎が発起人に名を連ねる東海電気鉄道が明治31年（1898）11月に出願していた芝高輪南町《しばたかなわみなみまち》（品川駅付近）から国府津《こうづ》駅に至る路線のうち、京浜間の経路とほぼ同一だった（135ページ参照）。

武蔵電気鉄道も東海電気鉄道も相譲らなかったが、当時の東京府知事が調整し、東海電気鉄道発起人が武蔵電気鉄道に加わることで事実上両社は合同。武蔵電気鉄道の修正経路案に対して明治41年（1908）5月に仮免許が下付され、明治44年（1911）1月には念願の本免許が交付されている。

なんのことはない、日吉を通る経路は、五島慶太が私鉄事業に参入する以前から決まっていたのである。実際に敷設された東横線の日吉付近の経路が、武蔵電気鉄道と東海電気

昭和22年（1947）撮影の空中写真に、大戦末期の軍関係の施設を記入。東京と横須賀の中間の高台に位置する日吉は無線連絡に適していることから、慶應予科の校舎は海軍が使用。比島沖海戦で聯合艦隊が事実上壊滅すると、寄宿舎が聯合艦隊司令部に充てられた。

鉄道の経路を組み合わせたようになっているのも興味深い。

135ページには、まったくの仮想にすぎないが、「勾配が最少となるルート」を点線で記載してみた。実は日吉の東側には鶴見川支流の矢上川がうねるように流れており（現在は改修で直線化）、大雨が降ると両側を丘に挟まれたこの部分で溢水が発生する条件が揃っていた。この区間に鉄道を通すのは難しかったと思われる。

高低差ばかり着目すると、勾配のある日吉の丘ばかりに目がいきがちだが、この付近の経路選択にあたっては、水害常襲地帯の鶴見川流域を極力避けたという要因を見のがしてはならない。それが本書の結論である。

なぜ横浜線はまっすぐに線路を敷けたのか？

横浜線の町田の手前から橋本の先までの区間には、10キロ以上の直線区間が存在する。鉄道直線区間といえば、中央線の東中野〜立川間の直線が有名だが、横浜線の直線区間は、首都圏では中央線に次ぐ長い距離だ。

横浜線を建設したのは、私鉄の横浜鉄道である。明治39年（1906）に着工され、明治41年（1908）9月に東神奈川〜八王子の全線が一気に開業している。1年半後の明治43年（1910）4月には鉄道院が全線を借り受けて営業をすることになり、八浜《はっぴん》線というそっけない名に改められた。大正6年（1917）10月に正式に国有化された際、厳密にいえば線内に横浜駅が含まれないにも拘わらず、線名は横浜線と定められた。横浜鉄道の名前を生かしたのだろう。

なぜ横浜線に直線区間が可能だったのか。むろんいちばんの要因は地形に恵まれたことである。直線区間のある場所は、相模川《さがみがわ》の河岸段丘が隆起して誕生したまったくの平坦地だ。地形を立体表現した左ページの地図も、すべすべの肌に見えるくらい真っ平らな土地だとわかる。

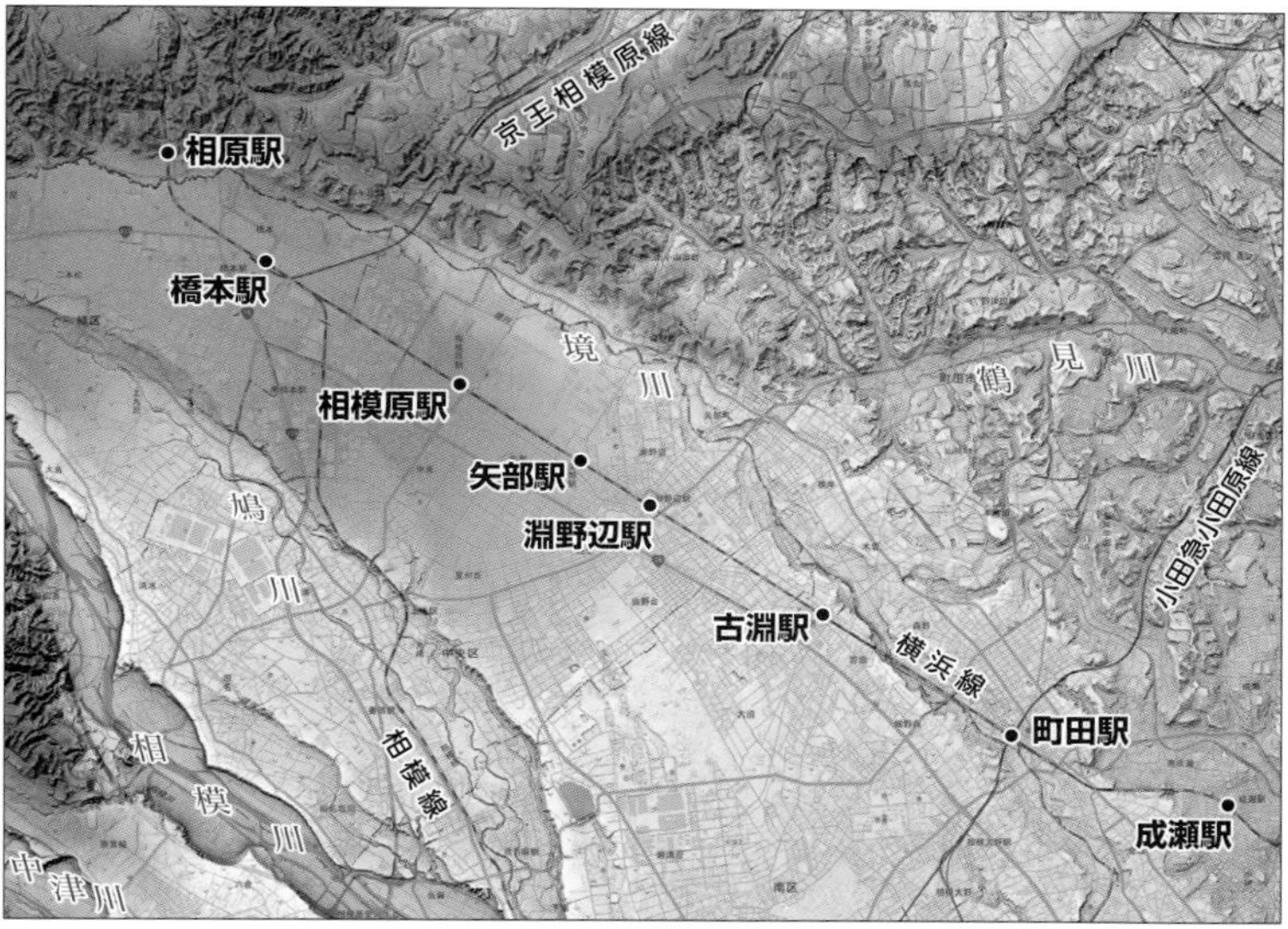

相模原面と呼ばれる平坦な台地に横浜線は建設された。左上ほど緑色が濃くなるのは、標高が高くなっていくことを意味している。かつての原町田駅は、小田急線との乗り換えの便を考慮して移設。町田駅に改称している。

横浜線に関していえば、途中の経路が、迂回を余儀なくさせる人為的な圧力（過剰な鉄道誘致、あるいは鉄道忌避）にさらされなかったことも有利にはたらいた。結論から言えば、八王子と横浜を結ぶ地形的に最適な最短経路で線路を敷設できたことが、この直線区間を生んだ最大要因である。

ただ、どこでも直線の経路が実現できたわけではなかっただろう。というのは、子細に当時の地形図を眺めると、道沿いに連なる集落を慎重に避けた形跡が見えるからだ。また、台地に入り込む中小河川も丹念に経路から外している。そうした見えない努力の結果が直線区間なのである。

これは、平坦な武蔵野台地という地形的な条件に恵まれた中央線（甲武鉄道が建設した八王子〜新宿の区間）の直線区間と似かよっていた。大胆に見えて、慎重に経路選択を行っている。

都心に近い中央線沿線は、関東大震災後に人々の移住が進み、旺盛な復興需要が民間主導の自律的な住宅・都市開発を促進した。もはや国家規模の大規模な都市計画を必要としなかったし、やろうとしても不可能だった。

一方、昭和10年代になってもほぼ全域が農地（養蚕が主産業で桑畑が多かった）で占められていた相模原台地は、都心の軍事施設拡張にともなう移転地候補となった。いわゆる相模原軍都計画である。東京から30キロの距離にありながら、わずかな人家を除いては、雑木林と桑畑しかない。それでいて、横浜線に加え、小田急線と相模鉄道線（大戦中の昭和19年〔1944〕に国有化されて相模線に）が開通していた。開発してくれと言わんばかりの条件が揃っていたといえるだろう。

昭和11年（1936）6月、神奈川県高座《こうざ》郡内の座間《ざま》・新磯《あらいそ》・大野《おおの》・麻溝《あさみぞ》の各村長が座間村役場に集められ、東京の陸軍第一師団から陸軍士官学校と練兵場用地の買収要請を受ける。

昭和12年（1937）9月の陸軍士官学校本科の移転開校と演習場が開場（同年12月の行幸

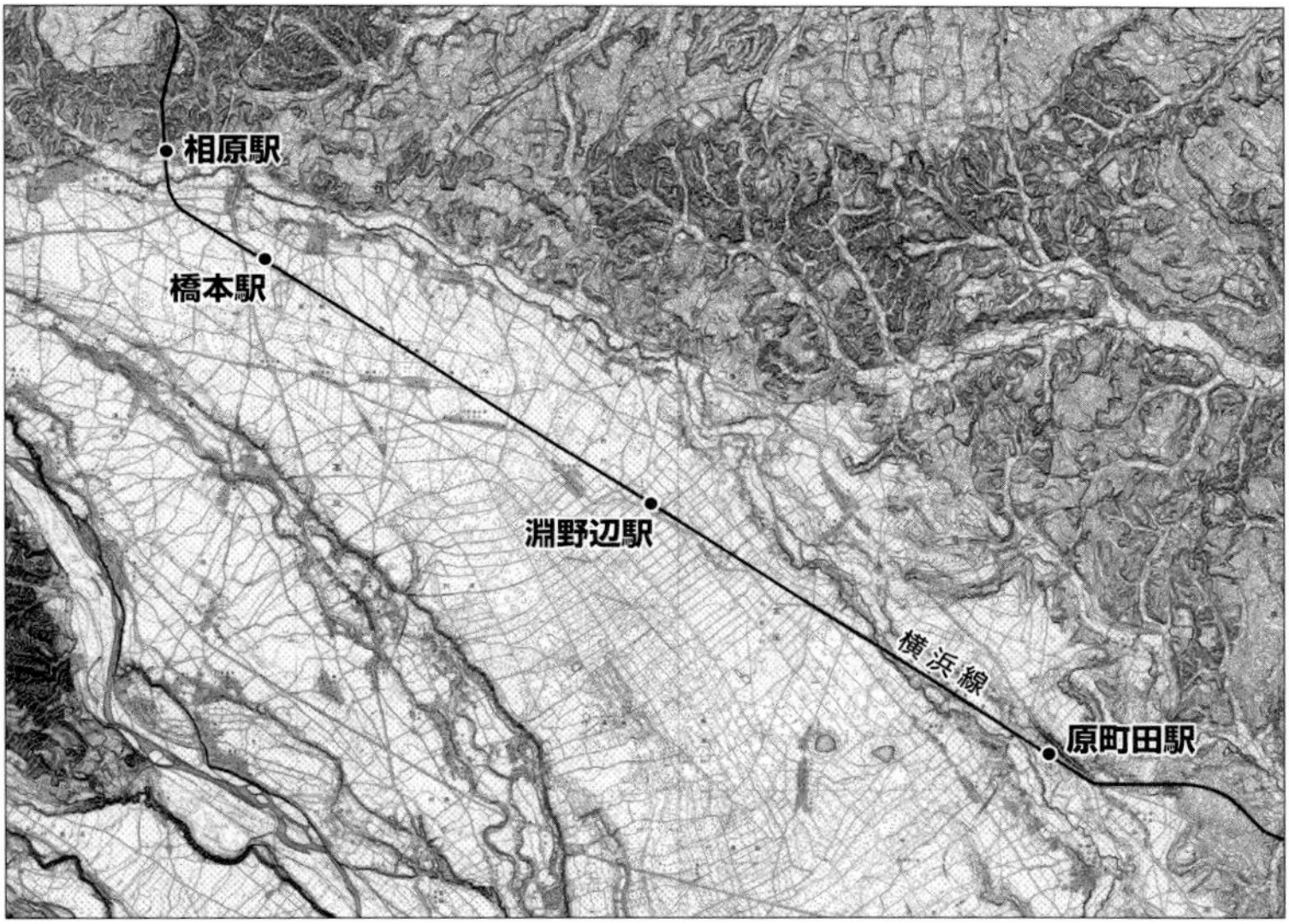

明治39年（1906）測図の地形図に明治41年（1908）開業当時の横浜鉄道と立体表現を加えた。現在の横浜線が通る平坦地には、桑畑と雑木林がどこまでもつづいていた。「今昔マップ」に加筆。

の際に昭和天皇が学校所在地を「相武台《サウブダイ》」と命名。演習場も相武台演習場となる）。このときから堰を切ったように、東京市内にあった軍事施設の移転が始まる。名前こそ支那事変だったが、大陸で実質的な戦争が始まり、「非常時」という大義名分が土地収用を後押しした。

昭和13年（1938）だけで、3月の臨時東京第三陸軍病院開院、8月の陸軍造兵廠東京工廠相模兵器製造所（昭和15年〔1940〕に相模陸軍造兵廠に改称）開設、10月の陸軍工科学校の移転開校（小石川の旧水戸徳川家上屋敷跡から。跡地は現在中央大学後楽園キャンパス。昭和15年〔1940〕に陸軍兵器学校に改称）。

昭和14年（1939）に入っても勢い

終戦直後の昭和21年（1946）に撮影された相模原駅周辺の空中写真。相模原都市建設区画整理事業に基づく街路が整備され、多数の陸軍施設が立地していた様子がわかる。幹線第一号路線は、そのまま国道16号の経路になった。

は止まらず、中野駅北口の電信第一聯隊が1月に移転（中野駅前の跡地は陸軍中野学校などが使用）。5月には東京の杉並から陸軍通信学校が移転開校している。

昭和14年（1939）11月、第1次分だけで505万坪（約1669万平米）、最終的には862万坪（約2850万平米）におよぶ「相模原都市建設区画整理事業」を神奈川県が決定。10万人規模の軍需都市建設計画が正式に始まる。事業区域は、上溝町《かみみぞまち》・座間町《まち》・相原村《あいはらむら》・田名《たな》村《むら》の4町村にまたがっていた。こうして横浜線の直線区間を基線にした区画整理がなされていった。

横浜線に並行して延びる幹線第一号路線（現在の国道16号）は幅員25メートルだ

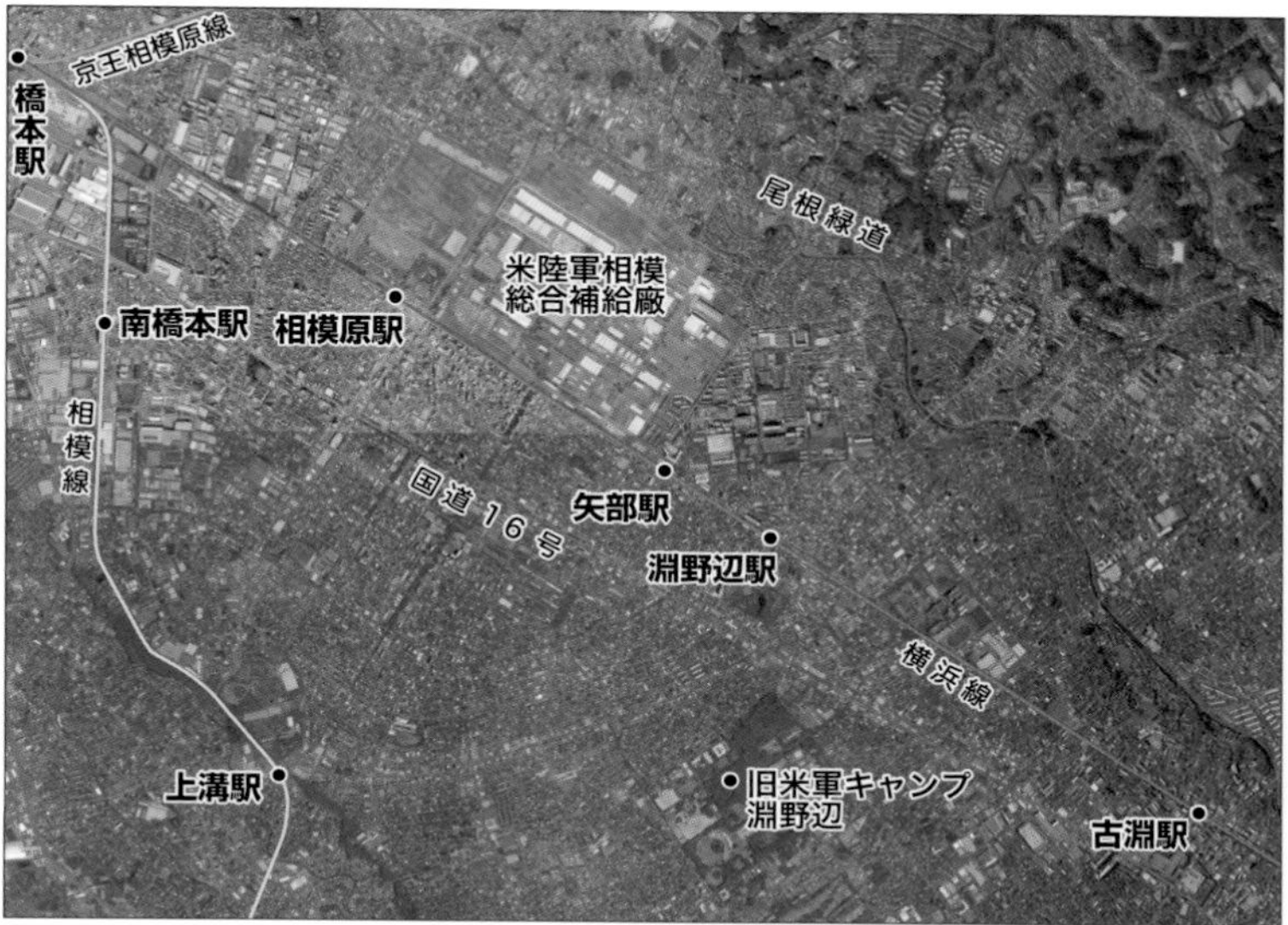

右と同一範囲の現況。陸軍施設の多くが終戦後連合軍に接収され、講和条約発効後は米軍が使用した。キャンプ座間（旧陸軍士官学校）や相模総合補給廠（旧相模陸軍造兵廠）など、今なお返還されない広大な土地が残る。

ったが、防空上の理由から、緊急時の飛行機の発着（緊急滑走路）や相模兵器製造所工員の避難路として使用できるよう、一部は幅員40メートルに拡張して造成された。終戦までに主要街路はほぼ完成している。

昭和16年（1941）の天長節（4月29日）に、2町5村が合併して相模原町《さがみはらまち》が発足。合併直前の4月5日、相模原都市建設区画整理事業の中心地に横浜線相模原駅が開業する。

昭和15年（1940）3月には、ふたつ目の陸軍病院である原町田《はらまちだ》陸軍病院（その後相模原陸軍病院に改称）が陸軍通信学校の東に開院。ふたつの軍病院が短期間に新設されたことにも大陸の戦火の拡

横浜線矢部駅から相模原駅方向を撮影。横浜線の北側には米陸軍相模総合補給廠の広大な敷地が広がっている。かつての相模陸軍造兵廠である。

大を思い知らされる。昭和18年（1943）には、世田谷にあった陸軍機甲整備学校（昭和16年〔1941〕に陸軍自動車学校を改称）が移転（世田谷の跡地は現在東京農業大学）。

横浜線は、それらの施設の「最寄駅」として機能した。原町田駅（現在は移設されて町田駅）は、陸軍士官学校本科の最寄駅とされた。士官学校のすぐそばには私鉄の小田急線と相模鉄道線（現在のJR相模線）が通っていたにも拘わらず、7キロ以上も離れた原町田駅に天皇の貴賓室や貴賓口、専用ホームが建設されたのである。官尊民卑の最たるものだといえるだろう。原町田駅から士官学校までの道路も同時に整備され、今にいたるまで行幸道路という名称が定着している。

第四章

ドン詰まりの線路には事情がある

都心にもある、
行き止まりの路線。
なぜそこで行き止まりなのか。
延伸の計画はあるのか。

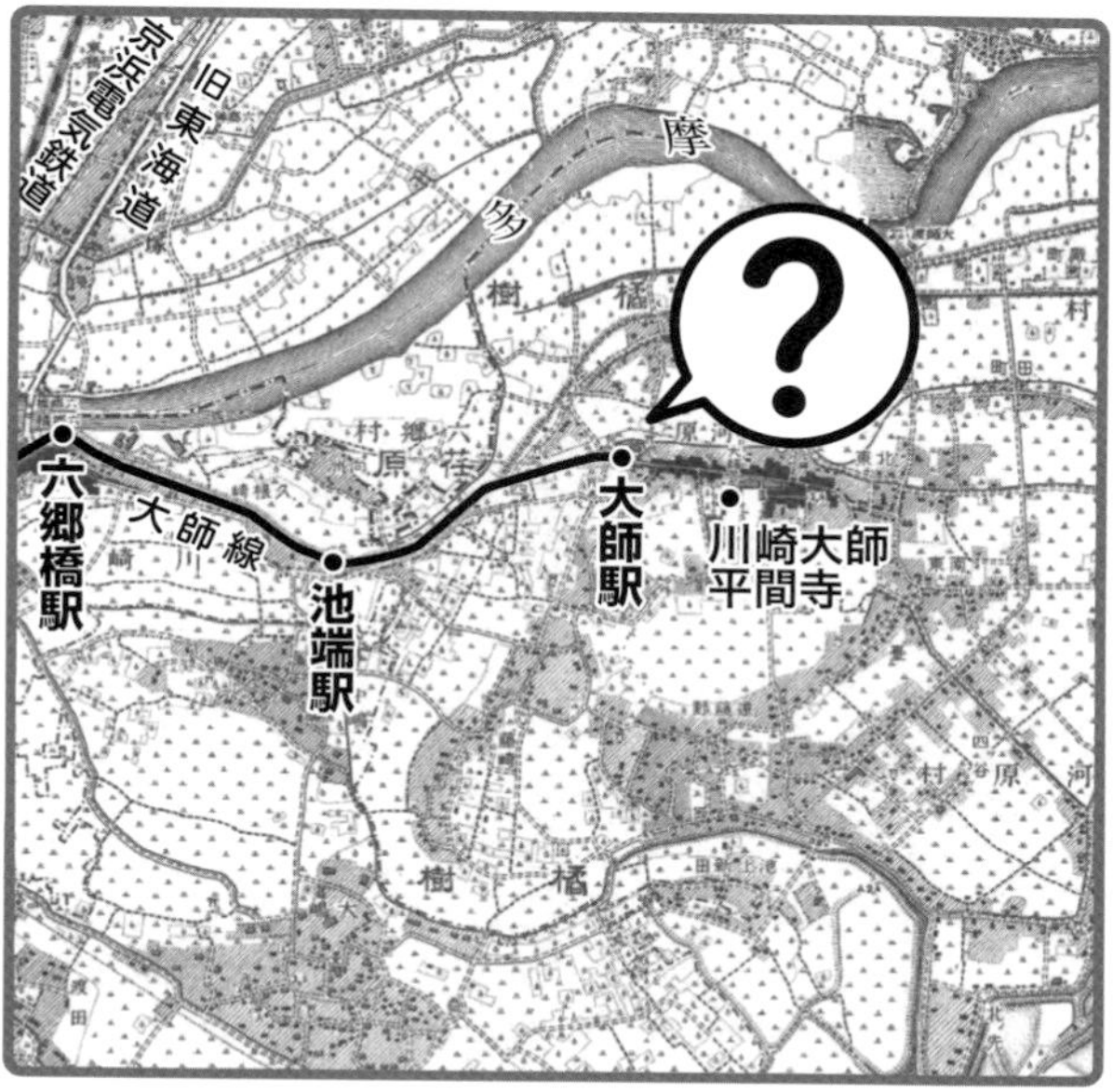

なぜ大師線は小島新田まで延びているのか？

川崎市にある川崎大師《かわさきだいし》平間寺《へいけんじ》といえば、全国屈指の初詣の参詣者で知られている。川崎大師の参詣には京急大師線が便利だ。

大師線というのは首都圏にふたつ存在する。ひとつは東武大師線。もうひとつが京急大師線だ。東武大師線の終点が西新井大師《にしあらいだいし》門前の大師前《だいしまえ》駅であるのに対して、京急大師線の終点は、川崎大師門前の川崎大師駅をはるか通りすぎた小島新田《こじましんでん》駅。

小島新田駅は住宅地の中にある。線路はドン詰まりで、すぐ前を東海道線の貨物線が横切っている。なぜ川崎大師駅止まりではなく、わざわざここまで線路を延長したのだろう。

その疑問を解く鍵が大師線の歴史である。実は大師線の歴史はとても古い。川崎大師駅を下りて右側、「発祥之地」と彫られた記念碑が建立されている。87キロにおよぶ現在の路線網を築くにいたった京浜急行電鉄は、川崎大師の参詣鉄道として明治32年（１８９９）1月に歴史の第一歩を記したのである。

最初の軌道は、多摩川の旧流路の自然堤防（往古からの河川の氾濫で土砂が堆積し、周囲より小高くなった堤防状の土地）の道筋に併用軌道として敷設された。ゆるやかな曲線を描いて

川崎大師駅前に立つ「発祥之地」碑。京浜急行は明治31年（1898）2月に大師電気鉄道として設立され、翌年1月、川崎（六郷橋）～大師間が開業。その年4月に京浜電気軌道と改称し、品川方面に路線を拡張する。この碑は昭和43年（1968）に創立70周年を記念して建立されたもの。

いるのは、そのためである。途中にあった池端《いけばた》という停留場名、あるいは向洲《むかいす》、中島《なかじま》といった地名は、往時の地形が垣間見えるようで興味深い。そういえば川崎大師の鎮座地も大師河原村《だいしがわらむら》といった。明治45年（１９１２）までは旧流路に沿って府県界が引かれており（90ページ参照）、自然堤防際まで東京府の六郷村《ろくごうむら》の飛び地だった。

大正15年（１９２６）12月24日に軌道は付け替えられた。新線上に移転した池端停留場が味の素前と改称するのは昭和４年（１９２９）12月。多摩川べりには大正３年（１９１４）から味の素を製造する鈴木製薬所（味の素株式会社の前身）の川崎工場が立地していた。味の素前を中心に川崎大師駅付近までの約10万坪の広大な敷地である。

好不況の波と戦争に翻弄

京浜電気鉄道（京浜急行電鉄の前身）の子会社として大正14年（1925）に開業したのが、海岸電気軌道（102ページ参照）である。川崎大師と総持寺の間を、ほとんど人気《ひとけ》のない海岸すれすれの水田地帯に大きく迂回する形で線路を敷設したのは、臨港地区に進出するであろう工場通勤需要を見込んでのことだった。軌間は当時の大師線と同じ1372ミリで、相互乗り入れが行われていた。

ところが昭和初期の大不況で甘い目論見は崩れる。沿線の工場進出にブレーキがかかり、赤字は膨らむ一方。昭和5年（1930）に浅野財閥系の鶴見臨港鉄道（現在の鶴見線を運営していた会社）に吸収されて、海岸電気軌道は幕を閉じた。鶴見臨港鉄道への譲渡後も大師線との相互乗り入れは継続していたが、昭和8年（1933）4月に大師線が軌間1435ミリに改軌したことで、乗り入れは終了となる。

大戦末期の昭和19年（1944）から翌年にかけ、川崎大師～桜本《さくらもと》間の新線が開業している。このうち産業道路《さんぎょうどうろ》（現在の大師橋《だいしばし》）の手前までは、海岸電気軌道の線路跡をそのまま利用していた。

大師線の延長は、国策が影響していた。延伸区間の沿線には軍需工場が立地しており、

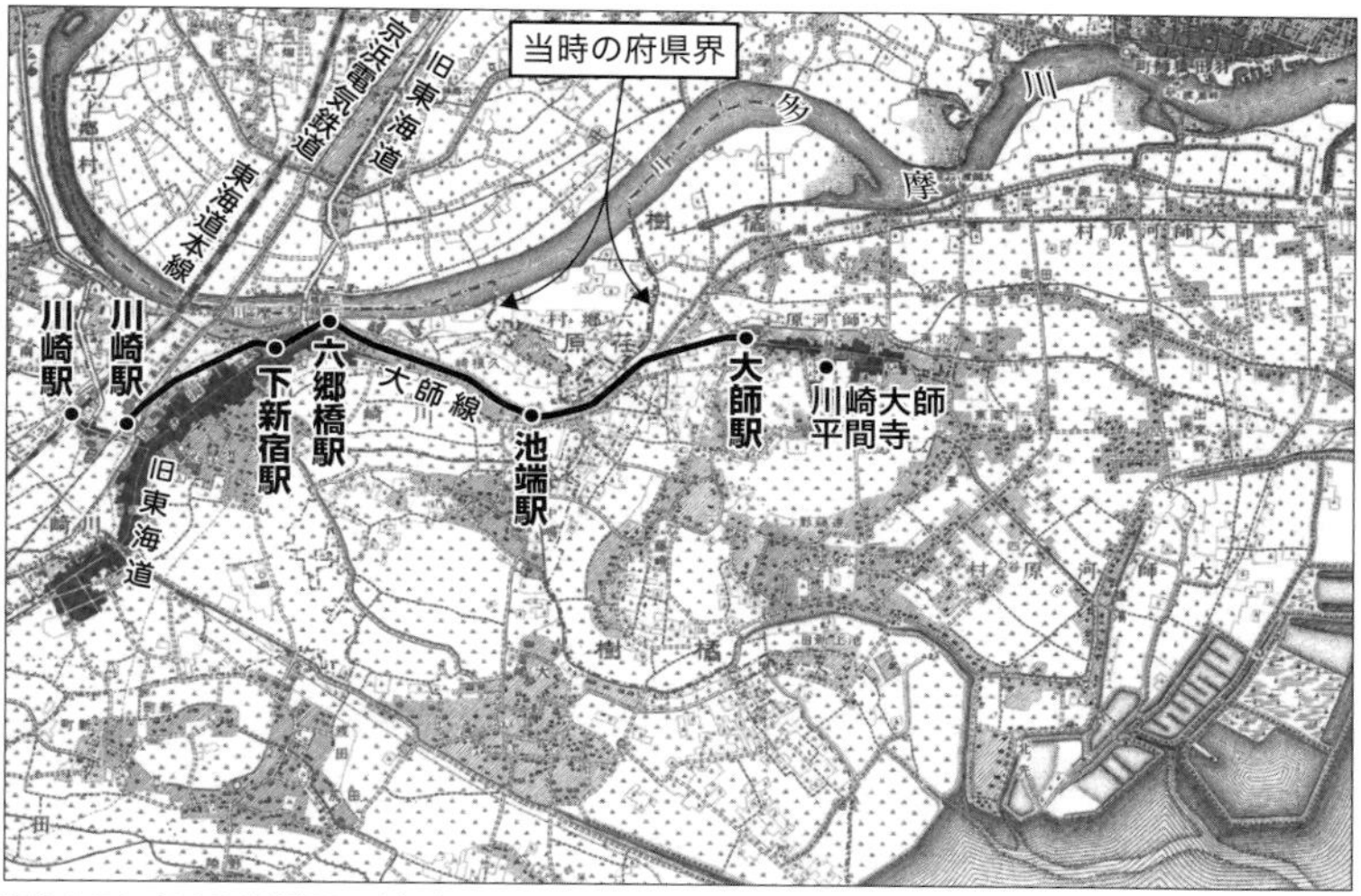

明治39年（1906）測図の地形図に大師線と関係地名などを記入した。曲線の路線は、自然堤防上の路面に軌道を併設したためである。「横濱時層地図」に加筆。

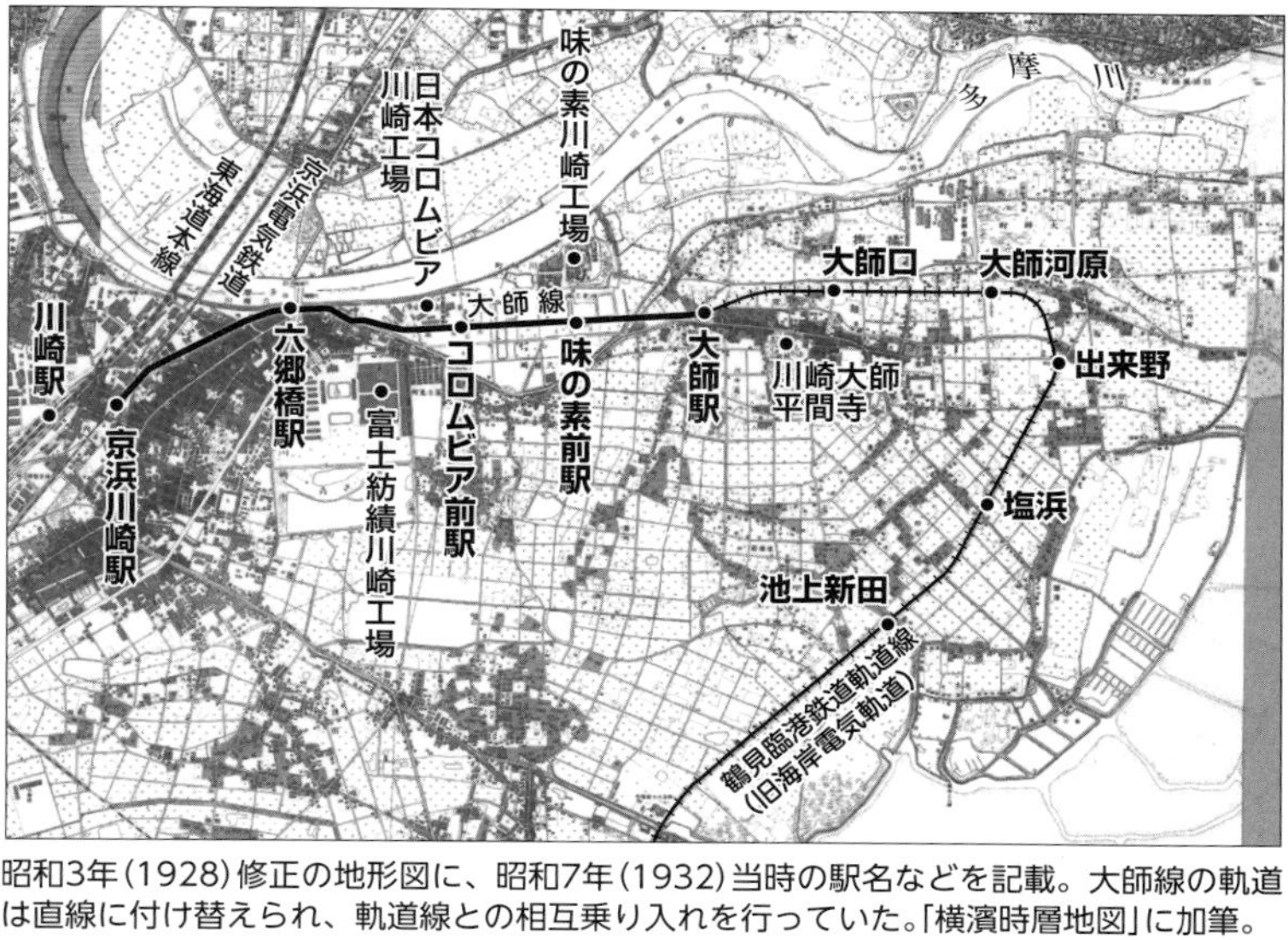

昭和3年（1928）修正の地形図に、昭和7年（1932）当時の駅名などを記載。大師線の軌道は直線に付け替えられ、軌道線との相互乗り入れを行っていた。「横濱時層地図」に加筆。

それらの工場への交通の便は甚だ貧弱だった。バスやトラックによる輸送もガソリン不足からままならず、おのずと鉄道に目が向くこととなる。運行開始当初の京浜川崎～桜本の所要時間は26分で、川崎大師から先の運転間隔も15分～30分を確保していた。

昭和20年（1945）に入ると、省線（国鉄）の浜川崎から日本鋼管《にっぽんこうかん》専用線経由で大師線に接続し、小島新田（日本《にっぽん》冶金工業《やきんこうぎょう》の最寄駅）、川崎大師（大日本《だいにっぽん》化学工業《かがくこうぎょう》〔現在の味の素〕の最寄駅）に至る貨物線が、大師線の下り線に新設されている。いわゆる3線区間（1435ミリと1067ミリ軌間併用）である。省線のタンク機関車が貨車を牽引して往復した。

終戦とともに、工場は軒並み休業となり、新規開業区間、とりわけ塩浜《しおはま》～桜本間の利用者が激減してしまう。塩浜～桜本間については、昭和23年（1948）に単線化が図られ、昭和26年（1951）3月の川崎市電乗り入れ開始とともに京急線の営業を終えた（翌年川崎市に譲渡）。

近隣の東京市電や横浜市電は1372ミリの軌間だったが、川崎市電は1435ミリの軌間を採用した。川崎市電の大師線乗り入れが可能だったのは、軌間が同一だったからである。

川崎市電の開業は大戦末期の昭和19年（1944）10月。翌年12月には桜本まで延伸して、大師線に接続することになる。大師線と川崎市電を組み合わせれば、川崎市中心部を

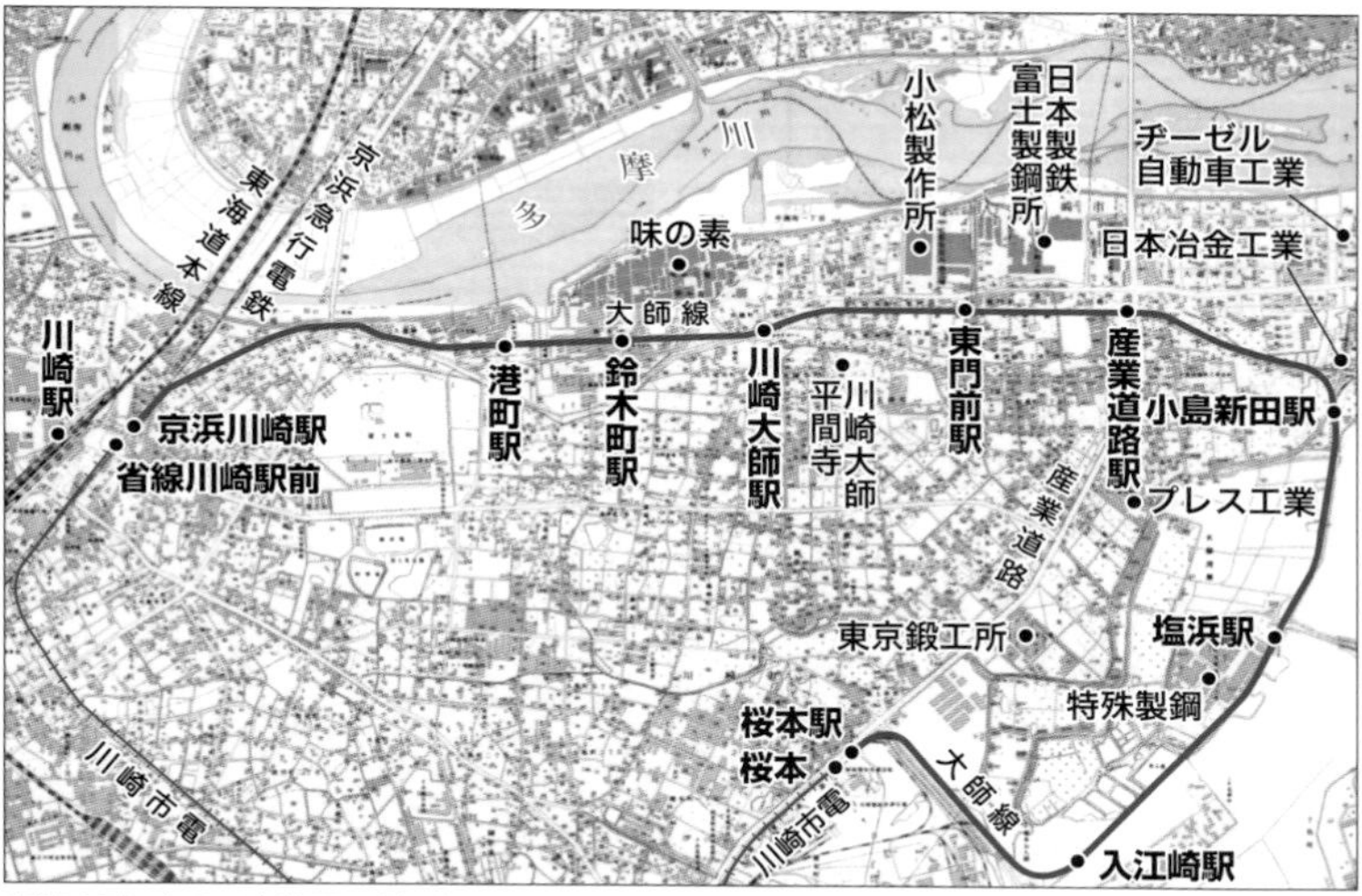

昭和23年（1948）修正の地形図。大師線は大戦中に桜本まで延長。大師線と市電を結ぶと、市街を一周する路線ができあがる。特殊製鋼川崎工場と塩浜駅との関係が典型だが、新線区間の駅がいずれも軍需省指定の軍需会社の工場そばに設置されたことに留意したい。「横濱時層地図」に加筆。

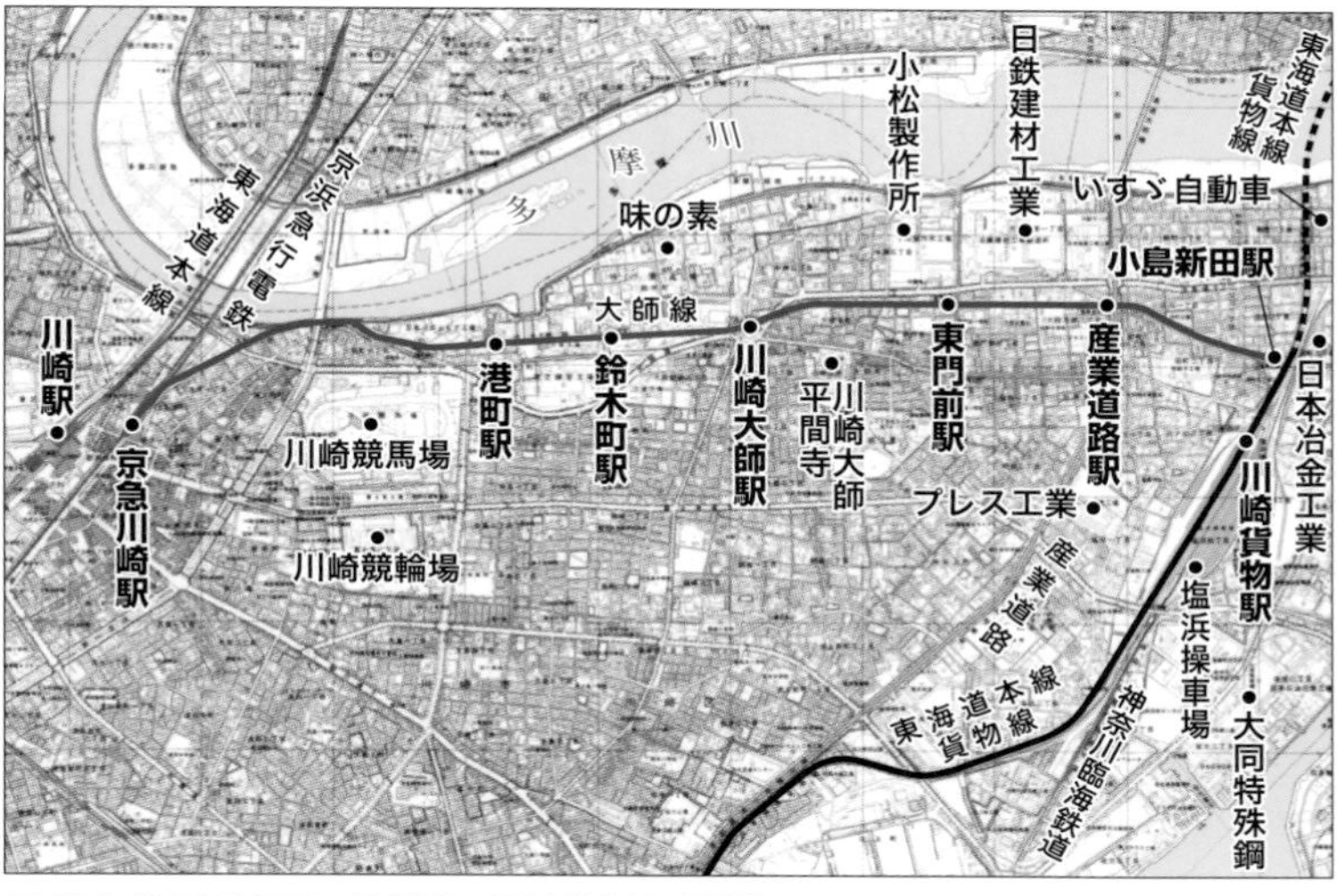

平成2年（1990）修正の地形図。国鉄貨物線が開業したことで、大師線は短縮され、小島新田駅は貨物線路の西側に移動。「横濱時層地図」に加筆。

現在の大師線の川崎大師～小島新田間。産業道路駅付近の踏切による産業道路渋滞緩和目的で地下化工事が行われ、平成31年（2019）3月に竣工。翌年3月、長年親しまれた産業道路の駅名を大師橋に改称。

一周できたことから、共通の軌間採用は、大師線乗り入れや川崎市街環状線を構想していたのではないかと推理したくなる。その川崎市電は、昭和27年（1952）に桜本～塩浜間を手に入れたものの、路線バスとの競争に敗れ、昭和44年（1969）4月に全廃された。

小島新田～塩浜間は国鉄塩浜操《しおはまそう》駅（貨物駅）と国鉄京葉線（当時の名称。貨物線）開業で分断されるため、昭和39年（1964）3月に営業休止（昭和45年（1970）11月付で廃止）。小島新田駅は貨物線の西側に300メートル移動した。小島新田が住宅地の中に埋もれるように立地しているのはそのためである。

単純な一本線に見える京急大師線も、実は複雑な歴史をたどった結果として、現在の姿があるのである。

川崎大師駅は、大師線内で唯一明治32年（1899）開業当時のままの位置に立地する。赤い柱が印象的な駅舎は昭和31年（1956）の完成。

大師線終点の小島新田駅をJR貨物線の跨線橋から撮影。駅の敷地は狭いが、付近の工場通勤者の利用が多く、川崎大師駅より乗降者数が多い。

なぜ横浜こどもの国は独自の線路をもっていたのか？

「こどもの国」と称する遊園施設は、北海道から沖縄まで、全国に20ちかく開園している。その中で歴史が古く、国費を投入して建設されたのが、横浜市の「こどもの国」である。昭和34年（1959）4月の皇太子（現在の上皇）の結婚に際して国民から寄せられたお祝い金を基金にして建設された施設で、自然に親しめる遊び場という基本理念のもと、多摩丘陵の約30万坪の敷地に既存の地形や植生を生かして整備された。

左ページの写真を見てほしい。現在では、外周まで住宅が迫り、もはや緑の聖域といっていいほど。貴重な緑地としての価値はますます増している。

なぜ近郊にこれほど広い緑地があったのだろう。それは終戦まで東京陸軍兵器補給廠《とうきょうりくぐんへいきほきゅうしょう》田《た》奈《な》填薬所《てんやくしょ》だったからである。この地に設置されたのは、さまざまな陸軍施設が集中していた相模原に近く、横浜線で連絡できたこと、土壌が粘土質で地盤が堅く、なだらかな丘陵に細かく谷が入り組んだ谷戸《やと》の地形が、弾薬製造や貯蔵施設に適していたからであろう。近衛師団《このえしだん》による用地買収は昭和13年（1938）春、建設工事は昭和14年（1939）からと慌ただしかった。砲弾の生産が始まったのは昭和16年（1941）11月。各地の陸軍造《りくぐんぞう》

開園当初のこどもの国は、多摩丘陵の緑地が広がり、周りを農地に囲まれていた。現在では住宅地がこどもの国のすぐ際まで蚕食している。©2021 Google

兵廠《へいしょう》（陸軍直営の兵器工場）から別々に運ばれてくる砲弾の薬莢《やっきょう》部分に炸薬《さくやく》を充塡して砲弾を完成させる危険な作業である。

谷戸の地形を利用して、火工場《かこうじょう》（炸薬充塡工場）や弾薬庫が建設されていった。万一の事故の被害を最小限に抑えるため、火工場は西側の谷、弾薬庫は火工場と離れた東側の谷に建設された。終戦時に貯蔵されていた弾薬は15万トンとも20万トンともいわれる。

この施設は米軍に接収され、講和条約発効後も弾薬貯蔵施設として使用。朝鮮戦争において本格稼働したこの施設も、昭和35年（1960）3月で閉鎖されていた。

しかし最初から田奈弾薬庫が「こどもの国」用地に決まっていたわけではない。こどもの国の候補地として上がっていたのは、皇居東地区（現在の皇居東御苑）、代官町《だいかんちょう》一帯（現在の北の丸公園）、ワシントンハイツ（現在の代々木公園）、旧東京第一陸軍造兵廠（現在の北区中央公園など）などだったがいずれも不調に終わり、朝霞《あさか》のキャンプ・ドレイクの根津《ねづ》パーク地区（根津嘉一郎《かいちろう》が構想した根津公園跡。旧陸軍予科士官学校演習場を経て、現在は自衛隊演習場）と在日米海軍辻堂《つじどう》演習場（旧横須賀海軍砲術学校辻堂演習場）が有力候補に浮上。ほぼ朝霞に決まりかけていたとき、横浜市が米軍管理下の田奈弾薬庫を推薦してきたのである。急遽視察した厚生省中央児童厚生施設特別委員会（こどもの国の準備委員会にあたる）の委員は、田奈が最適との意見で一致した。土壇場の逆転である。

ところがここからが面倒だった。昭和35年（１９６０）11月の日本側の返還要求に対し、米軍は12月、返還に関して「考慮の余地のないこと」と拒絶。

暗礁に乗り上げたが、昭和36年（１９６１）3月15日、特別委員会委員長の久留島秀三郎《くるしまひでざぶろう》が私的な資格で当時の在日米軍司令部（府中《ふちゅう》市浅間町《せんげんちょう》）を訪問。司令官のロバート・W・バーンズ中将と面会し、返還を要請したのだ。バーンズ中将は、返還は不可能と繰り返したが、策に窮した久留島が「皇太子殿下の御結婚記念として計画されている」と発言したことで司令官の態度は一変。わずか2週間後の3月29日、米側より「5月5日をもって田奈弾薬庫を返還する」という回答が来着。こどもの国建設が大きく前進することになった。

昭和22年（1947）撮影の空中写真に終戦前の施設名を加筆。こどもの国建設に先だって、帝国陸軍および米軍接収時代の建物84棟を撤去。1年以上かけて2万発ちかい弾薬類や不発弾が処理されている。

こどもの国の特徴は、「こどもの国線」という独自の鉄道線の存在にもある。実はこの路線も軍用線が起源だった。工事は昭和15年（１９４０）春から始まり、昭和17年（１９４２）春に開通したという。東海道本線の茅ケ崎《ちがさき》駅から、相模線、横浜線を経由して長津田《ながつた》駅から乗り入れた列車は、西谷積卸所で搬入した砲弾と薬莢、火薬類を下ろした。完成した砲弾は、東谷積卸所から搬出されていった。中型の蒸気機関車６７６０形が配置され、弾薬輸送列車は８６２０形やＣ58が牽引していた。

開園当初のこどもの国の交通手段は路線バス頼みで飽和状態だった。米軍時代、軍用線は顧みられなかったから、レールが剥き出しになったまま、放置されていた。

昭和37年（1962）4月ごろ、国鉄にアクセス線建設を打診したが、すでに長津田駅構内の連絡線は撤去済みで、横浜線からの乗り入れに際して多額の工事費用がかかることや採算が取れる見込みがないと消極的だった。横浜市にも打診したが、試算の結果、年間1000万円の赤字が出る見込みだと断られる。

白羽の矢が立ったのは、田園都市線建設構想のあった東急電鉄だった。東急電鉄は独自に田奈弾薬庫を工業地区として開発することを企図し、早い段階から軍用線の払い下げを申請していた。昭和39年（1964）2月にこどもの国建設推進委員会と東急との間で会合が持たれ、東急の協力の方針が決まった。

実際の建設は、昭和41年（1966）4月の東急田園都市線溝《みぞ》の口《くち》～長津田間開業後に具体化。昭和42年（1967）2月にこどもの国協会（当時の運営母体）と東急の間で覚書が交わされている。鉄道線の免許や用地はこどもの国協会が担当し、東急が鉄道を運営する、赤字はこどもの国協会が負担し、利益は分配するといった内容である。

3月20日に工事が認可されると、電化工事も含め、突貫工事で完成させた。当初5月5日だった開通予定を繰り上げ、4月28日に開通式を挙行している。皇太子の弟宮である常陸宮正仁親王が臨席、華子妃がテープカットに臨んだ。こどもの国開園や開通の経緯を知ると、よくぞ完成にこぎ着けたものだという感想を禁じえない。

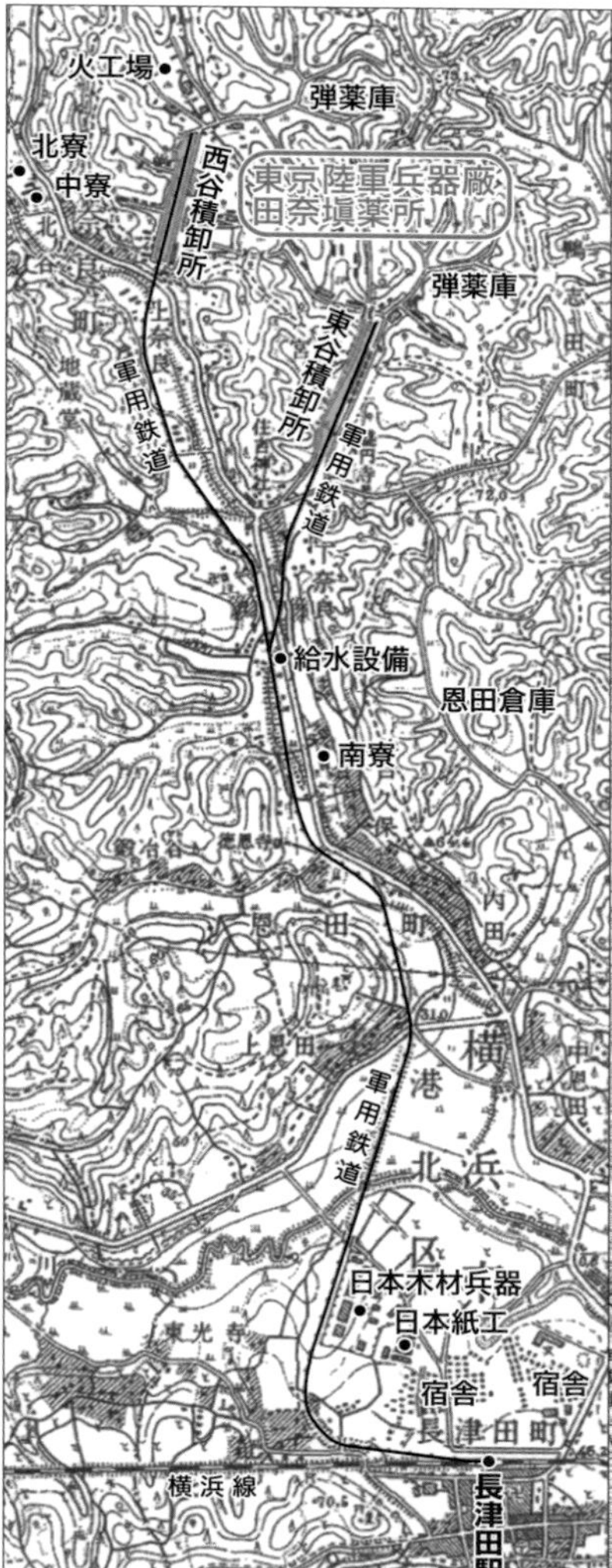

昭和29年（1954）修正の地形図に大戦中の軍用線や田奈填薬所の施設を記入。「今昔マップ」に加筆。

現在の地理院地図にこどもの国線などを記載。軍用線跡を利用していることがよくわかる。長津田～こどもの国間の駅間距離は３・４キロ。所要7分で結んでいる。

著者

竹内正浩　（たけうち　まさひろ）

1963年愛知県生まれ。文筆家、歴史探訪家。

地図や鉄道、近現代史をライフワークに取材・執筆を行う。

著書に『妙な線路大研究 東京篇』（実業之日本社）、『鉄道歴史散歩』（宝島社）、『ふしぎな鉄道路線』（NHK出版）、『地図と愉しむ東京歴史散歩』シリーズ（中央公論新社）など多数。

装丁　杉本欣右
写真撮影　竹内正浩
編集・地図と図版制作　磯部祥行（実業之日本社）

じっぴコンパクト新書　387

妙《みょう》な線路《せんろ》大研究《だいけんきゅう》 首都《しゅと》圏篇《けんへん》

2021年9月11日　初版第1刷発行

著　者……………竹内正浩
発行者……………岩野裕一
発行所……………株式会社実業之日本社
〒107-0062 東京都港区南青山5-4-30
CoSTUME NATIONAL Aoyama Complex 2F
電話（編集）03-6809-0452
（販売）03-6809-0495
https://www.j-n.co.jp/
DTP………………Lush!
印刷・製本…………大日本印刷株式会社

ISBN978-4-408-33978-8（第一アウトドア）